JN074219

債務超過会社における組織再編・資本等取引の会計・税務Q&A

第2版

公認会計士 **佐藤信祐** 著

中央経済社

第2版刊行にあたって

　本書は，実務上のニーズの高い債務超過会社の組織再編・資本等取引に係る会計及び税務上の取扱いについて解説する目的で平成30年に刊行しました。

　その後，TPR事件，PGM事件が公表されるなど，包括的租税回避防止規定について検討すべき事案が増えたことや，親会社と孫会社の組織再編のような初版で解説をしていなかった内容についてのご質問を受けたことから，第2版の刊行に至りました。第2版では，以下の内容についての解説を追加するとともに，初版の内容に対して加筆修正しております。

- 親会社と孫会社の間の非適格組織再編（Q1-9，Q2-8，Q3-13）
- 包括的租税回避防止規定及び同族会社等の行為計算の否認（Q1-15）
- 法人税確定申告書別表四，五(一)の作成方法（Q1-8，Q1-9，Q2-8，Q2-9）

　本書では，令和5年4月1日時点で公表されている会計基準，適用指針，本法，政省令及び取扱通達をもとに解釈できる範囲内での私見による編集を行いました。実務上，個別の事実関係により柔軟に対応すべき場合もあり得るため，慎重に対応することをお勧めします。本書が，組織再編・資本等取引に携わる実務家の方々のお役に立つことができれば幸いです。

　また，本書では，グループ通算制度，国際税制，公益法人等の特殊な取扱いについては，これらに係る規定の適用を受けない方々に無用の混乱を招く可能性があるため，解説を省略していることをあらかじめご了承ください。

　最後になりましたが，本書を企画時から刊行まで担当してくださった中央経済社の末永芳奈氏に感謝を申し上げます。

令和5年4月

公認会計士　佐藤　信祐

は じ め に

　平成18年に施行された会社法により，債務超過会社であっても組織再編を行うことが可能となり，それ以降，実務上も数多く行われてきました。債務超過会社の組織再編では，無対価組織再編を検討することが多いですが，平成18年当時ではその取扱いが不明確であるという問題がありました。

　しかし，その後の企業会計及び法人税法の改正により，無対価組織再編及び債務超過会社の組織再編の取扱いは明確になっており，組織再編の専門家の中では，その取扱いについて意見が分かれるということはなくなりました。そのような背景から，平成23年に，岡田貴子氏（デロイトトーマツ税理士法人所属）と共著にて，『債務超過会社における組織再編の会計・税務』を出版いたしました。

　それ以降，債務超過会社の合併及び分割の取扱いについて，実務上，議論になることはほとんどなくなりましたが，最近では，事業承継対策の観点から，DES，第2会社方式，スクイーズアウト，組織変更など，さまざまな場面で債務超過会社の組織再編・資本等取引が行われるようになりました。さらに，平成30年度税制改正では，無対価組織再編についての改正が行われ，今後の実務に影響を与えると思われます。

　そこで，債務超過会社の組織再編・資本等取引における取扱いを体系的にまとめることの必要性を感じ，本書の刊行に至りました。本書が，組織再編・資本等取引に携わる実務家の方々のお役に立つことができれば幸いです。

　本書では，平成30年4月1日時点で公表されている会計基準，適用指針，本法，政省令及び取扱通達をもとに解釈できる範囲内での私見により編集しました。実務上，個別の事実関係により柔軟に対応すべき場合もあり得るため，慎重に対応することをお勧めします。

　また，本書では，連結納税，国際税制，公益法人等の特殊な取扱いについては，これらに係る規定の適用を受けない方々に無用の混乱を招く可能性がある

4

ため，解説を省略していることをあらかじめご了承ください。

　本書の執筆に際して，後藤柾哉氏，多田梨恵氏にご協力をいただきました。この場を借りて感謝いたします。

　最後になりましたが，本書を企画時から刊行まで担当してくださった中央経済社の末永芳奈氏に感謝を申し上げます。

　平成30年4月

公認会計士　佐藤　信祐

目　　次

第2章　分社型分割　81

第4章　株式交換

1 株式交換完全子法人が債務超過の場合─────────────169

【凡例】

正式名称	略称
企業結合に関する会計基準	結合基準
事業分離等に関する会計基準	分離等基準
企業結合会計基準及び事業分離等会計基準に関する適用指針	結合指針
会社法施行規則	会規
会社計算規則	計規
法人税法	法法
法人税法施行令	法令
法人税法施行規則	法規
法人税基本通達	法基通
所得税法	所法
国税通則法	国通法
租税特別措置法	措法
地方税法	地法
地方税法施行令	地令
地方税法施行規則	地規
財産評価基本通達	財基通

　本書の記述は，令和5年4月1日現在の法令等に依ります。

第1章

合　併

1 被合併法人が債務超過の場合

1 会社法上の取扱い

Q1-1　会社法上の手続き（債務超過会社を被合併法人とする合併）

会社法上，債務超過会社を被合併法人とする吸収合併を行った場合には，資産超過会社を被合併法人とする吸収合併と異なる論点はありますか。

A1-1

原則として，合併法人において簡易合併を選択することができません。

解説

　一部に異論はあるものの，会社法上，債務超過会社を被合併法人とする吸収合併は可能であると考えられています。これは，簿価純資産価額が債務超過である場合だけでなく，時価純資産価額が債務超過である場合であっても同様です（相澤哲ほか『論点解説　新・会社法』672-673頁（商事法務，平成18年））。そして，会社法795条2項1号では，被合併法人の簿価純資産価額が債務超過である吸収合併を許容する前提で，株主総会における取締役の説明責任を課し

2

ています。

　しかし，債務超過会社を被合併法人とする吸収合併を行った場合には，合併法人において，簡易合併を選択することができません（会社法796②）。連結配当制度を採用している場合において，被合併法人が合併法人の子会社であるときは，簡易合併を選択することも可能ですが（会規195③），連結配当制度を採用することができる法人は連結計算書類を作成している会社に限定されています（計規2③五一）。

　そのほか，反対株主の株式買取請求が行われた場合に，シナジー価格によるべきなのか，ナカリセバ価格によるべきなのかという論点があります（佐藤信祐「非上場会社の株式交付型組織再編における公正な価格」法学政治学論究111号226-229頁（平成28年））。さらに，被合併法人が債務超過であることを理由として，合併法人の債権者の利益を害する可能性があるため，合併に異議を述べる債権者が現れる可能性があります。このような場合には，当該合併に異議を述べた債権者に対して，弁済期が到来していない場合であっても，早期に弁済を行ったり，相当の担保の提供などを行ったりする必要があります（会社法799⑤）。

> ※　交付する合併法人株式が譲渡制限株式であり，かつ，合併法人が公開会社でないときは，資産超過会社を被合併法人とする合併であっても簡易合併を行うことはできません（会社法796①但書）。
>
> ※　持分会社が合併法人である場合には，総社員の同意が必要とされていることから（会社法802①），そもそも簡易合併の制度は認められていません。
>
> ※　被合併法人には，略式合併の制度は認められていますが，簡易合併の制度は認められていません。

2 ┃ 会計上の取扱い

> **Q1-2** 親会社が合併法人であり，子会社が被合併法人である場合
> （少数株主が存在しない場合）

> 　弊社（以下，「P社」という。）を合併法人とし，100％子会社であるA
> 社を被合併法人とする吸収合併を予定しています。なお，合併により受け
> 入れる資産の帳簿価額は3,000百万円，負債の帳簿価額は5,000百万円であ
> り，P社が保有するA社株式の帳簿価額は100百万円です。
> 　この場合における会計上の合併受入仕訳を教えてください。

A1-2

以下の仕訳のとおりとなります。

| （諸　資　産） | 3,000百万円 | （諸　負　債） | 5,000百万円 |
| （特　別　損　失） | 2,100百万円 | （子会社株式） | 100百万円 |

解説

　子会社を被合併法人とする吸収合併を行った場合には，子会社から受け入れる資産及び負債は合併期日の前日に付された適正な帳簿価額により計上します（結合基準41，結合指針206）。なお，この場合における「適正な帳簿価額」は，連結財務諸表上の帳簿価額であるという点に留意が必要です。

　このように，被合併法人（子会社）から受け入れた純資産と，合併法人（親会社）が保有していた被合併法人株式（子会社株式）の帳簿価額との差額を特別損益として計上する必要があります（結合基準注10，結合指針206）。そして，債務超過会社を被合併法人とする合併を行った場合には，受入純資産がマイナスになることから，特別損失の金額もその分だけ増加します。

　※　債務超過会社に対する貸付金については貸倒引当金が設定されていることが多く，

4

債務超過会社に対する保証債務については債務保証損失引当金が設定されていることが多いことから，実務上，債務超過会社との合併では，貸倒引当金及び債務保証損失引当金の取崩しについても留意する必要があります。

※　本設問では，単純化のために，被合併法人（子会社）で計上されていたその他有価証券評価差額金や土地再評価差額金の取扱いを省略しています。これらのものがある場合には，支配獲得後に当該被合併法人で計上されたものを合併法人（親会社）に承継します（結合指針206）。

<table>
<tr><td>Q1-3</td><td>親会社が合併法人であり，子会社が被合併法人である場合
（少数株主が存在する場合）</td></tr>
</table>

　弊社（以下，「P社」という。）を合併法人とし，70％子会社であるA社を被合併法人とする吸収合併を行い，A社の少数株主に対してP社株式を交付することを予定しています。なお，合併により受け入れる資産の帳簿価額は3,000百万円，負債の帳簿価額は5,000百万円であり，P社が保有するA社株式の帳簿価額は70百万円です。

　この場合における会計上の合併受入仕訳を教えてください。

A1-3

以下の仕訳のとおりとなります。

（諸　資　産）	3,000百万円	（諸　負　債）	5,000百万円
		（資本剰余金）	0百万円
（特　別　損　失）	2,070百万円	（子会社株式）	70百万円

解説

　子会社に少数株主がいる場合には，子会社から受け入れた資産及び負債との差額のうち株主資本の額を合併期日直前の持分比率に基づき，親会社持分相当額と非支配株主持分相当額に按分し，それぞれ次のように処理します（結合指針206）。

（1）親会社持分相当額

　親会社が合併直前に保有していた子会社株式（抱き合わせ株式）の帳簿価額との差額を特別損益に計上します。

　例えば，子会社から受け入れた資産と負債との差額のうち株主資本の額が600であり，親会社の保有比率が70％である場合において，子会社株式の帳簿価額が500であるときは，特別損失の金額は80になります（500−600×70％＝

6

80）。ただし，連結財務諸表上，当該特別損失については，過年度に認識済みの損益となるため，相殺消去する必要があります（結合指針208）。

　ご質問のケースでは，子会社から受け入れた資産及び負債との差額が債務超過（△2,000×70％＝△1,400）であることから，Q1-2で解説したように，特別損失の金額がその分だけ増加します（70－△1,400＝1,470）。

（2）非支配株主持分相当額

　非支配株主持分相当額と取得の対価（非支配株主に交付した親会社株式の時価）との差額をその他資本剰余金とします。そして，合併により増加する親会社の株主資本の額は払込資本として処理します。

　企業結合会計基準及び事業分離等会計基準に関する適用指針の記載はわかりにくいですが，非支配株主に交付した親会社株式の時価が払込資本の増加となり，非支配株主持分相当額と取得の対価（非支配株主に交付した親会社株式の時価）との差額がその他資本剰余金として処理されるため，非支配株主に交付した親会社株式の時価に相当する金額をその他資本剰余金として配分する場合には，非支配株主持分相当額がそのままその他資本剰余金の増加額となります。そのため，簡便的に，非支配株主持分相当額がそのまま払込資本の増加になると考えても差し支えない事案が多いと思われます。

　そして，子会社が債務超過である場合には，債務超過に相当する部分の金額を親会社が負担しており，非支配株主持分相当額がゼロであることも多いと思われます（連結財務諸表に関する会計基準27）。すなわち，合併により親会社の株主資本の額は増加もしないし，減少もしないと思われます。その結果，非支配株主持分相当額（△2,000×30％＝△600）は，「（1）親会社持分相当額」に含まれることから，上記において計上すべき特別損失の金額が増加します（△1,470＋△600＝△2,070）。

　なお，合併法人が新株の発行に代えて自己株式を処分した場合には，増加すべき株主資本の額から自己株式の帳簿価額を控除した額を払込資本の増加額とします。ただし，その差額がマイナスになる場合には，その他資本剰余金の減

少として処理します（結合指針206, 80, 会社法445⑤, 計規35②）。そのため，ご質問の事例において，合併により交付した自己株式の帳簿価額が200百万円である場合には，以下の仕訳になります。

【自己株式を交付した場合】

（諸　資　産）	3,000百万円	（諸　負　債）	5,000百万円
		（自　己　株　式）	200百万円
		（資本剰余金）	△200百万円
（特　別　損　失）	2,070百万円	（子会社株式）	70百万円

※　本設問では，単純化のために，被合併法人（子会社）で計上されていたその他有価証券評価差額金や土地再評価差額金の取扱いを省略しています。これらのものがある場合には，支配獲得後に当該被合併法人で計上されたものを合併法人（親会社）に承継します（結合指針206）。そのため，これらのものを引き継ぐ場合には，非支配株主持分相当額がそのままその他資本剰余金の増加額になるわけではありません（新日本有限責任監査法人編『ケースから引く組織再編の会計実務』321-328頁（中央経済社，平成27年））。

| Q1-4 | 子会社が合併法人であり，他の子会社が被合併法人である場合（少数株主が存在しない場合） |

弊社（以下，「P社」という。）の100％子会社であるA社を合併法人とし，同じく100％子会社であるB社を被合併法人とする吸収合併を予定しています。なお，合併直前におけるB社の貸借対照表は以下のとおりです。

B社（被合併法人）の貸借対照表（簿価ベース）

科目	金額	科目	金額
資産	3,000百万円	負債	5,000百万円
		資本金	10百万円
		資本準備金	10百万円
		利益剰余金	△2,020百万円
合計	3,000百万円	合計	3,000百万円

この場合における会計上の合併受入仕訳を教えてください。

A1-4

合併法人株式を交付する場合には，以下のいずれかを選択適用します。

（イ）受入仕訳（原則的な会計処理）
（諸　資　産）　3,000百万円　（諸　負　債）　5,000百万円
（利益剰余金）　△2,000百万円

（ロ）受入仕訳（認められる会計処理）
（諸　資　産）　3,000百万円　（諸　負　債）　5,000百万円
（資　本　金）　10百万円
（資本準備金）　10百万円
（利益剰余金）　△2,020百万円

これに対し，何ら対価を交付しない無対価合併を行った場合には，以下の仕訳を行います。

（諸　資　産）	3,000百万円	（諸　負　債）	5,000百万円
		（資本剰余金）	20百万円
		（利益剰余金）	△2,020百万円

解説

1. 合併法人株式を交付する場合

　合併法人である子会社が被合併法人である他の子会社から受け入れる資産及び負債は，合併期日の前日に付された適正な帳簿価額により計上します（結合指針247）。

　さらに，被合併法人の株主（親会社）に対して合併法人株式（子会社株式）のみが交付される場合における合併により増減した株主資本の額の処理については，以下の2つの方法が認められています。

（1）原則的な会計処理

　合併により増加した株主資本の額を，払込資本の額（資本金，資本準備金またはその他資本剰余金）として処理します（結合指針247，185，会社法445⑤，計規35②）。

　ただし，被合併法人が債務超過会社である場合には，払込資本の額をゼロとし，その他利益剰余金のマイナスとして処理します。

（2）認められる会計処理

　被合併法人の合併期日の資本金，資本準備金，その他資本剰余金，利益準備金及びその他利益剰余金の内訳科目を，そのまま引き継ぎます（結合指針247，185，会社法445⑤，計規36①）。

　なお，合併法人が新株の発行に代えて，自己株式を処分した場合において，「（1）原則的な会計処理」を採用したときは，増加すべき株主資本の額から自己株式の帳簿価額を控除した額が払込資本の増加額になりますが，当該差額がマイナスになる場合には，その他資本剰余金の減少として処理します（結合指

10

針247，186，会社法445⑤，計規35②）。

　これに対し，「（2）認められる会計処理」を採用したときは，被合併法人の合併期日の資本金，資本準備金，その他資本剰余金，利益準備金及びその他利益剰余金の内訳科目をそのまま引き継ぎ，処分した自己株式の帳簿価額をその他資本剰余金から控除します（結合指針247，186，会社法445⑤，計規36①）。

　すなわち，ご質問の事例において，合併により交付した自己株式の帳簿価額が200百万円である場合には，以下の仕訳を行います。

　（イ）受入仕訳（原則的な会計処理）
　　（諸　資　産）　　3,000百万円　（諸　負　債）　　5,000百万円
　　　　　　　　　　　　　　　　　（利益剰余金）　△2,000百万円
　　　　　　　　　　　　　　　　　（自己株式）　　　200百万円
　　　　　　　　　　　　　　　　　（資本剰余金）　△200百万円

　（ロ）受入仕訳（認められる会計処理）
　　（諸　資　産）　　3,000百万円　（諸　負　債）　　5,000百万円
　　　　　　　　　　　　　　　　　（資　本　金）　　　10百万円
　　　　　　　　　　　　　　　　　（資本準備金）　　　10百万円
　　　　　　　　　　　　　　　　　（利益剰余金）　△2,020百万円
　　　　　　　　　　　　　　　　　（自己株式）　　　200百万円
　　　　　　　　　　　　　　　　　（資本剰余金）　△200百万円

２．何ら対価を交付しない場合

　これに対し，何ら対価を交付しない無対価合併を行った場合には，「認められる会計処理」のみが認められており，「原則的な会計処理」については認められていません（結合指針203-2）。そして，無対価合併を行った場合には，資本金及び準備金を増加させることは適当ではないと解されるため，被合併法人の資本金，資本準備金及びその他資本剰余金に相当する金額をその他資本剰余金として引き継ぎ，利益準備金及びその他利益剰余金に相当する金額はその他利益剰余金として引き継ぎます（結合指針437-2，会社法445⑤，計規36②）。

　　※　会社法上，吸収合併を行った場合には，吸収合併契約書に記載する事項について，

会社法749条１項２号において「その株式又は持分に代わる金銭等を交付するときは」と規定されており，その一例として合併法人株式を掲げられています。すなわち，何ら対価を交付しない吸収合併をも認めていると解され，吸収分割（会社法758四），株式交換（会社法768①二）においても同様に解されます（相澤哲ほか『論点解説 新・会社法』676頁（商事法務，平成18年））。

　これに対し，新設合併を行った場合には，新設合併計画書に記載する事項について，会社法753条１項６号において「その株式又は持分に代わる当該新設合併設立株式会社の株式の数（括弧内省略）又はその数の算定方法」と規定され，同項７号において「株式の割当てに関する事項」と規定され，同項８号において，「その株式又は持分に代わる当該新設合併設立株式会社の社債等を交付するときは」と規定されています。すなわち，合併法人株式を交付しない新設合併を認めていないと解され，新設分割（会社法763），株式移転（会社法773）においても同様に解されます（相澤哲ほか前掲714頁）。ただし，共同新設分割の場合には，分割法人のうち１社にのみ分割対価資産を交付し，それ以外の分割法人に対して分割対価資産を交付しないことがあり得ます（相澤哲ほか前掲714頁）。

　このように，何ら対価を交付しない無対価組織再編の議論は，吸収型再編である吸収合併，吸収分割，株式交換においてのみ生ずる議論といえます。

3．親会社の会計処理

　被合併法人の株主である親会社では，個別財務諸表上，投資が継続しているとみることができるため，移転損益は認識せず，被合併法人株式の帳簿価額を合併法人株式の帳簿価額に付け替えます（分離等基準38，39，19，結合指針203-2，248）。

Q1-5 子会社が合併法人であり，他の子会社が被合併法人である場合（少数株主が存在する場合）

Q1-4の事案において，少数株主が存在する場合には同様の処理を行うのでしょうか。

A1-5

少数株主が存在する場合には，連結財務諸表上は持分変動に伴う処理が必要になりますが，個別財務諸表上はQ1-4と会計処理は変わりません。

3 ┃ 税務上の取扱い

Q1-6　　税制適格要件の判定

　債務超過会社を被合併法人とする吸収合併を行った場合には，資産超過会社を被合併法人とする吸収合併を行った場合と同じように税制適格要件を判定すればよいのでしょうか。

A1-6..
　債務超過会社を被合併法人とする吸収合併を行った場合であっても，税制適格要件の判定方法は変わりません。
　しかし，無対価合併を行った場合には異なる論点があるため，ご留意ください。

解説...

1．基本的な取扱い
　適格合併は，⑴グループ内の適格合併，⑵共同事業を行うための適格合併の2つに大別されます（法法2十二の八）。また，⑴グループ内の適格合併は，①100％グループ内の適格合併と②50％超100％未満グループ内の適格合併に分けられます。税制適格要件を具体的に示すと，下図のとおりです。

■税制適格要件（法法2十二の八，法令4の3①〜④）

100％グループ内	50％超100％未満	共同事業
（ⅰ）金銭等不交付要件	（ⅰ）金銭等不交付要件 （ⅱ）従業者引継要件 （ⅲ）事業継続要件	（ⅰ）金銭等不交付要件 （ⅱ）従業者引継要件 （ⅲ）事業継続要件 （ⅳ）事業関連性要件 （ⅴ）事業規模要件または 　　特定役員引継要件 （ⅵ）株式継続保有要件

　債務超過会社を被合併法人とする吸収合併を行った場合にも，上記の要件を満たすか否かにより判定を行います。しかし，債務超過会社を被合併法人とする合併を行う場合には，合併比率の算定が困難であることから，①被合併法人の株主に対して何ら対価を交付しない合併を行う方法，②少数の株式のみを交付することにより株主間贈与の問題を小さくする方法の2つが考えられます。

　このうち，②の方法は，例えば，被合併法人の株主が1名のみである場合に，合併法人株式1株のみを交付すれば，一般的には，株主間贈与は合併法人株式1株の時価に相当する金額だけとなるため，株主間贈与の問題を小さくすることができます。同様に，被合併法人の株主が複数である場合にも，交付する合併法人株式の数を調整することにより，株主間贈与の問題を小さくすることができます。しかし，不平等な合併比率であることを理由として，税制適格要件に抵触するのではないかという疑問が生じます。なぜなら，法人税法62条において，合併を行った場合には，被合併法人の資産及び負債を譲渡し（または引き継ぎ），対価として合併対価資産を取得し，ただちに当該合併対価資産を被合併法人の株主に対して交付したものとして取り扱うこととされていることから，合併比率が不平等である場合には，合併法人から被合併法人に対して寄附があったとみなすことができるため，金銭等不交付要件に抵触するのではないかという解釈もあり得るからです。

■吸収合併の取引図

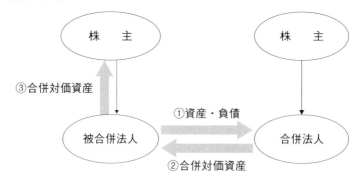

　しかし，法人税法2条12号の8において規定する金銭等不交付要件は，合併法人から被合併法人の株主に対して，合併法人株式または合併親法人株式のいずれか一方の株式以外の資産が交付されないことを要求しています。これに対し，合併比率が不平等であることを理由として，合併法人から被合併法人に対して寄附があったとみなしたところで，被合併法人の株主に対して合併法人株式または合併親法人株式のいずれか一方の株式以外の資産が交付されたことにはなりません。そのため，合併比率が不平等であることを理由として，税制適格要件に抵触することはないと思われます。

　　※　ただし，被合併法人株式の価値が0円であることを理由として，被合併法人の株主に対して1株に満たない端数しか交付しない場合には金銭等不交付要件に抵触することもあるため，ご留意ください（法基通1-4-2）。

2．無対価合併における税制適格要件の判定

　会社法上，被合併法人の株主に対して，何ら対価を交付しない吸収合併，すなわち，合併法人株式やその他の資産をまったく交付しない吸収合併（無対価合併）を行うことができます。そして，100%子会社同士の合併を行う場合には，合併法人の株主と被合併法人の株主が同一であることから，対価を交付したとしても，対価を交付しなかったとしても，合併後の資本関係は何ら変わらないため，無対価合併を行うことが少なくありません。さらに，合併法人が被合併法人の発行済株式の全部を保有している場合には，会社法上，合併法人が保有する被合併法人株式に対して合併対価資産を割り当てることができないため（会社法749①二），結果として，無対価合併を行わざるを得ません。

　これに対し，法人税法における金銭等不交付要件の判定では，被合併法人の株主に合併法人株式または合併親法人株式のいずれか一方の株式以外の資産が交付されないことが要件とされており，合併法人株式を交付することまでは求められていません（法法2十二の八）。そのため，無対価合併を行ったとしても，金銭等不交付要件には抵触しません。そして，合併法人の株主と被合併法人の株主が同一である場合には，対価を交付したとしても，対価を交付しな

かったとしても，合併後の資本関係は何ら変わらないことから，合併法人株式を交付したものとみなして，法人税法を適用することが制度趣旨に合致すると思われます。

この点につき，平成22年度税制改正，平成30年度税制改正において，無対価合併を行った場合における税制適格要件の判定方法が明確になり，以下の場合についてのみ，税制適格要件を満たすことが明らかになりました（法令4の3②～④）。

（1）100％グループ内の適格合併

① 当事者間の完全支配関係がある場合

（ⅰ）合併法人が被合併法人の発行済株式の全部を直接に保有している場合

② 同一の者による完全支配関係がある場合

（ⅰ）合併法人が被合併法人の発行済株式の全部を直接に保有している場合

（ⅱ）被合併法人と合併法人の株主構成が同一の場合

（2）50％超100％未満グループ内の適格合併

① 当事者間の支配関係がある場合

被合併法人と合併法人の株主構成が同一の場合

② 同一の者による支配関係がある場合

（ⅰ）合併法人が被合併法人の発行済株式の全部を直接に保有している場合

（ⅱ）被合併法人と合併法人の株主構成が同一の場合

（3）共同事業を行うための適格合併

被合併法人と合併法人の株主構成が同一の場合

　そのため，以下のような事案では，合併法人株式を交付する合併を行い，かつ，同一の者（X氏及びY氏）による完全支配関係が継続することが見込まれていたのであれば，適格合併に該当したにもかかわらず，無対価合併を行ったことにより，非適格合併として取り扱われるという不合理な結果となります。

■他の親族が保有している場合

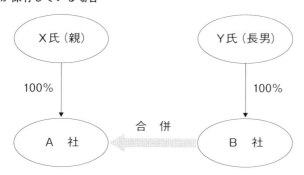

　しかし，実務上，被合併法人が債務超過である場合には，合併比率の算定が困難であることから，無対価合併を検討することがあります。なぜなら，合併法人株式を交付してしまうと，価値のない被合併法人株式に対して，価値のある合併法人株式を交付したことになるため，株主間贈与に該当し，贈与税等の問題が生じてしまうからです。

　そのため，合併の前に，合併法人が被合併法人の発行済株式の全部を備忘価額で取得することにより，「（1）①（ⅰ）合併法人が被合併法人の発行済株式の全部を直接に保有している場合」に該当させることが望ましいと思われます。

■合併前に合併法人が被合併法人の発行済株式の全部を備忘価額で取得する手法

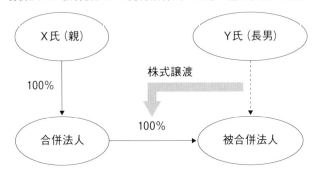

※　平成29年度税制改正により，合併法人が被合併法人の発行済株式総数の3分の2以上を有する場合における金銭等不交付要件が緩和されました。しかし，無対価合併の取扱いは何ら変わっていないため，合併法人が被合併法人の発行済株式総数の3分の2以上を有する場合であっても，無対価合併を行った場合には，非適格合併として取り扱われます。

Q1-7　繰越欠損金の引継ぎ

債務超過会社を被合併法人とする吸収合併を行った場合には，資産超過会社を被合併法人とする吸収合併を行った場合と同様に，被合併法人の繰越欠損金の引継ぎができるのでしょうか。

A1-7

債務超過会社を被合併法人とする吸収合併を行った場合であっても，被合併法人の繰越欠損金を合併法人に引き継ぐことができます。具体的な方法は，資産超過会社を被合併法人とする適格合併を行った場合と変わりません。

解説

1．基本的な取扱い

債務超過会社を被合併法人とする適格合併を行う場合には，当該被合併法人が繰越欠損金や含み損資産を有することが多いと思われます。債務超過会社を被合併法人とする適格合併を行ったとしても，資産超過会社を被合併法人とする適格合併を行った場合と法人税法上の取扱いは変わりません。

すなわち，原則として，被合併法人の繰越欠損金を合併法人に引き継ぐことができますが（法法57②），支配関係が生じてから5年を経過していない場合には，繰越欠損金の引継制限が課されます（法法57③）。ただし，支配関係が生じてから5年を経過していない場合であっても，①みなし共同事業要件を満たす場合，②時価純資産超過額が繰越欠損金以上である場合には，それぞれ繰越欠損金の引継制限が課されません。具体的には，以下のフローチャートのとおりです。

■繰越欠損金の引継制限の判定フローチャート

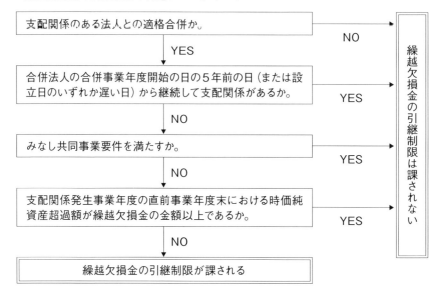

2．繰越欠損金の使用制限

　前述のように，適格合併を行った場合には被合併法人の繰越欠損金に対して一定の引継制限が課されています。しかし，被合併法人の繰越欠損金のみに制限を課し，合併法人の繰越欠損金に何ら制限を課さない場合には，逆さ合併を行うことにより，買収してきた法人の繰越欠損金を不当に利用するような租税回避が考えられます。

　そのため，被合併法人から引き継いだ繰越欠損金だけでなく，合併前に合併法人が保有していた繰越欠損金についても同様の使用制限が課されています（法法57④）。具体的には，繰越欠損金の引継制限と同様のフローチャートにより判定を行います。

3．特定資産譲渡等損失額の損金不算入

　適格合併を行った場合には，資産及び負債を簿価で引き継ぎます（法法62の2）。そのため，一方の当事会社が保有する資産の含み益と他方の当事会社が

保有する資産の含み損を不当に相殺するようなことが考えられます。

　そのため，支配関係が生じてから5年を経過しない法人との間で適格合併を行った場合には，特定引継資産（被合併法人から引き継いだ資産をいう。）または特定保有資産（適格合併前に合併法人が保有していた資産をいう。）の譲渡，評価換え，貸倒れ，除却その他これらに類する事由から生じた損失について，特定資産譲渡等損失の損金不算入が課されています（法法62の7①②）。

　なお，繰越欠損金の引継制限・使用制限と同様に，①みなし共同事業要件を満たす場合，②時価純資産超過額がある場合には，それぞれ特定資産譲渡等損失額の損金不算入が適用されません。

4．合併前に合併法人が被合併法人の発行済株式の全部を備忘価額で取得する手法

　Q1-6で解説したように，無対価合併を行った場合には，対価の交付が省略されたと認められる場合を除き，非適格合併として取り扱われます（法令4の3②〜④）。すなわち，下図のように，親族が保有している会社との合併であっても，本来であれば対価の交付を受けるべきY氏（長男）が対価の交付を受けておらず，対価の交付が省略されたと認められないため，無対価合併を行ってしまうと，非適格合併として取り扱われてしまいます。

■親族が保有している会社との無対価合併

そのため，債務超過会社を被合併法人とする合併が非適格合併にならないように するために，以下のいずれかの方法を採用する必要があります。

---

① 合併前に，合併法人が被合併法人の発行済株式の全部を備忘価額で取得する手法
② 株主間贈与を軽微にするため，少数の合併法人株式のみを交付する手法

なお，①の手法を採用した場合には，兄弟関係から親子関係に変わってしまいますが，平成22年度税制改正により，これにより支配関係が洗い替えられたと考えるのではなく，当初から支配関係が継続していると考えることが明らかにされました（『平成22年版改正税法のすべて』288-289頁（大蔵財務協会，平成22年））。そのため，兄弟関係から親子関係に変わったことを理由として，支配関係が生じてから5年以内の合併であるとは認定されないため，繰越欠損金の引継制限，使用制限，特定資産譲渡等損失額の損金不算入の規定は適用されないと思われます。

5．包括的租税回避防止規定

最近の税務調査では包括的租税回避防止規定について議論になることが多く，繰越欠損金の引継ぎにより法人税の負担が減少した場合には，包括的租税回避防止規定が適用されないように留意する必要があります。この点についてはQ1-15をご参照ください。

Q1-8 非適格合併に該当した場合（法人による完全支配関係がない場合）

　私（以下，「甲氏」という。）が発行済株式の全部を保有するA社を合併法人とし，甲氏の息子である乙氏が発行済株式の全部を保有するB社を被合併法人とする吸収合併を予定しています。

　B社が債務超過であることから，株主間贈与を避けるために無対価合併を行うため，非適格合併に該当することは理解しています。しかし，B社の保有する資産に含み損益はなく，繰越欠損金もありません。

　この場合には，非適格合併に該当したとしても，特段の実害はないと考えてよいでしょうか。

A1-8

　ご質問の場合には，被合併法人であるB社において，簿価債務超過額に相当する譲渡益が発生します。

解説

　実務上，被合併法人が債務超過である場合には，合併法人が被合併法人の株主に対して合併対価資産を交付しない無対価合併を行うことが考えられます。そして，Q1-6で解説したように，対価の交付が省略されたと認められない場合には，その無対価合併は非適格合併として取り扱われます。

　非適格合併を行った場合には，下図のように，被合併法人の資産及び負債を時価で譲渡し，対価として合併対価資産を取得し，ただちに，当該合併対価資産を被合併法人の株主に対して交付したものとして課税所得の計算を行います（法法62①）。

■非適格合併における譲渡損益の計算

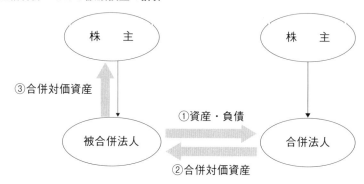

　すなわち，無対価で非適格合併を行った場合には，合併法人から被合併法人に対して交付する対価が0円であったと考えます。そして，被合併法人の簿価債務超過額が100百万円である場合には，その状況にある資産及び負債を0円で譲渡したと考えるため，以下の仕訳のように，被合併法人において100百万円の譲渡益が発生します。これは，被合併法人が保有する資産に何ら含み益がなかったとしても同様です。

【被合併法人の仕訳】
| （合併対価資産） | 0百万円 | （資　　　　産） | 200百万円 |
| （負　　　　債） | 300百万円 | （譲　渡　利　益） | 100百万円 |

別表四

区分	総額	処分	
		留保	社外流出
	①	②	③
当期利益又は当期欠損の額			
加算			
減算			
仮計			
合計			
非適格合併又は残余財産の全部分配等による移転資産等の譲渡利益額又は譲渡損失額	100百万円		※100百万円
差引計			
総計			
所得金額又は欠損金額			

　このように，債務超過会社を被合併法人とする非適格合併を行う場合には，被合併法人に譲渡益が発生するという点に留意が必要です。さらに，被合併法人では繰越欠損金と当該譲渡益とを相殺することができますが，通常の解散を行った場合と異なり，「清算中に終了する事業年度」が存在しないことから，法人税法59条4項に規定する特例欠損金（期限切れ欠損金）を使用することができません。

　これに対し，合併法人では，被合併法人から資産及び負債を0円で取得することから，簿価純資産価額と時価純資産価額が等しいと仮定すると，100百万円の資産調整勘定を計上するかのように思われます。しかしながら，100百万円の資産調整勘定（のれん）としての価値が認められないことが多いことから，合併法人から被合併法人に対する寄附行為があったと認められるため，寄附金として処理すべきであると考えられます。合併法人から被合併法人に対する寄

附行為であれば，被合併法人において，譲渡益ではなく，受贈益として取り扱われますが，合併法人と被合併法人の間に法人による完全支配関係がない限り，受贈益として取り扱われても譲渡益として取り扱われても課税所得への影響は変わりません。

【合併法人の仕訳】

| （資　　　産） | 200百万円 | （負　　　債） | 300百万円 |
| （寄　附　金） | 100百万円 | | |

※　平成30年度税制改正により，対価の交付を省略したと認められる非適格合併を行った場合には対価を交付した場合とほぼ同じ処理を行うことになりましたが（法令8①五ロ，法法24③，法令23⑥一，⑦，法法61の2②，法令119の7の2②，法法62①，62の8⑫，法令123の10⑯，法規27の16③④），対価の交付を省略したと認められない非適格合併を行った場合の処理は，従来どおりとされています。

Q1-9 非適格合併に該当した場合（法人による完全支配関係がある場合）

　P社の100％子会社であるA社を合併法人とし，P社の100％孫会社であるC社を被合併法人とする吸収合併を予定しています。なお，C社の発行済株式の全部をB社が保有し，B社の発行済株式の全部をP社が保有しています。

　B社が債務超過であることから，株主間贈与を避けるために無対価合併を行うため，非適格合併に該当することは理解しています。しかし，B社の保有する資産に含み損益はなく，繰越欠損金もありません。

　この場合には，非適格合併に該当したとしても，特段の実害はないと考えてよいでしょうか。

■法人による完全支配関係のある非適格合併

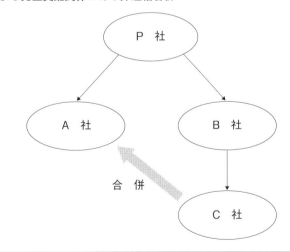

A1-9...

　基本的にはＱ１-8の取扱いと変わりませんが，Ｃ社において受贈益の益金不算入を適用することができます。

解説...

1．被合併法人及び合併法人の税務処理

　Ｑ1-8で解説した債務超過に相当する金額について，被合併法人において譲渡益が発生し，合併法人において寄附金が発生するという取扱いは，完全支配関係のある法人間で非適格合併を行った場合であっても変わりません。

　ただし，平成22年度税制改正により，完全支配関係（法人による完全支配関係に限る。）のある内国法人との間で寄附金及び受贈益が発生した場合には，寄附金を損金の額に算入せず（法法37②），受贈益を益金の額に算入しないという規定が設けられました（法法25の2①）。そのため，法人税法上，以下の仕訳を行うことになります。なお，単純化のため，個別資産及び負債の時価と帳簿価額は一致していると仮定します。

【被合併法人における仕訳】

（合併対価資産）	0百万円	（資　　　　　産）	200百万円
（負　　　　債）	300百万円	（受　贈　益）	100百万円
		―益金不算入―	

【合併法人における仕訳】

（資　　　　　産）	200百万円	（合併対価資産）	0百万円
（寄　附　金）	100百万円	（負　　　　債）	300百万円
―全額損金不算入―			

　このように，法人による完全支配関係がある場合において，債務超過会社を被合併法人とする非適格合併を行ったときに，被合併法人において生じる時価債務超過に相当する譲渡益に対して，受贈益の益金不算入を適用することができます。

　しかしながら，受贈益の益金不算入に係る規定は，法人による完全支配関係がある場合に限られていることから，個人による完全支配関係しかない場合には認められないという点にご留意ください。

　　※　完全支配関係のある法人間での非適格合併を行った場合には，被合併法人から合併

法人に対して移転した資産の譲渡損益が繰り延べられた結果，被合併法人の資産及び負債のうち，実質的に帳簿価額で合併法人に引き継がれるものもあるため，繰越欠損金の使用制限及び特定資産譲渡等損失額の損金不算入の適用対象になります（法法57④，62の7①）。

■ 受贈益の益金不算入が認められない場合①

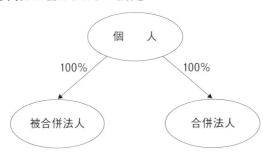

■ 受贈益の益金不算入が認められない場合②

■ 受贈益の益金不算入が認められる場合①

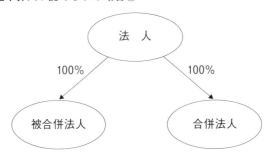

30

■ 受贈益の益金不算入が認められる場合②

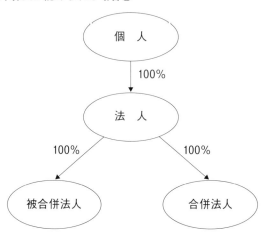

※　上記のケースでは，個人による完全支配関係だけでなく，法人による完全支配関係
　　も成立していることから，受贈益の益金不算入の適用が認められます。

2．被合併法人の株主，合併法人の株主の税務処理

　対価の交付を省略したと認められない無対価合併を行った場合には，被合併
法人株式の帳簿価額を合併法人株式の帳簿価額に付け替えることができないた
め，被合併法人の株主において無対価（0円）による譲渡として譲渡損益を認
識する必要があります。しかしながら，被合併法人の株主と被合併法人との間
に完全支配関係がある場合には，株式の譲渡損益を認識せず，資本金等の額の
増減として取り扱います（法法61の2⑰，2二十六，法令8①二十二）。

　さらに，法人による完全支配関係があることから，被合併法人において受贈
益の益金不算入が適用され，合併法人において寄附金の損金不算入が適用され
る場合には，株主サイドにおいて寄附修正事由に該当します（法令119の3⑨，
9七，119の4①）。

　例えば，被合併法人において100百万円の受贈益が発生し，合併法人におい
て100百万円の寄附金が発生する場合には，被合併法人の株主において被合併
法人株式の帳簿価額を100百万円引き上げ，合併法人の株主において合併法人

株式の帳簿価額を100百万円引き下げます。具体的には，以下の仕訳をご参照ください。なお，合併直前における被合併法人株式の帳簿価額を10百万円とし，合併法人株式の帳簿価額を30百万円とし，合併後の合併法人株式の譲渡価額を50百万円とします。

【被合併法人の株主としての仕訳（B社の仕訳）】
（イ）寄附修正事由（合併時）
　　（被合併法人株式）　　　　100百万円　　（利益積立金額）　　　　　100百万円

（ロ）被合併法人株式の譲渡（合併時）
　　（合併対価資産）　　　　　0百万円　　（被合併法人株式）　　　　110百万円
　　（資本金等の額）　　　　110百万円

別表四

区分	総額	処分	
		留保	社外流出
	①	②	③
当期利益又は当期欠損の額	△10百万円	△10百万円	
加算	10百万円	10百万円	
減算			
仮計	0百万円	0百万円	
所得金額又は欠損金額	0百万円	0百万円	

別表五(一)

I　利益積立金額の計算に関する明細書				
区分	期首現在 利益積立金額	当期の増減		差引翌期首現在 利益積立金額
		減	増	
	①	②	③	④
被合併法人株式		※110百万円	10百万円 ※100百万円	0百万円
資本金等の額			110百万円	110百万円
繰越損益金			△10百万円	△10百万円
差引合計額		110百万円	210百万円	100百万円

II　資本金等の額の計算に関する明細書				
区分	期首現在 資本金等の額	当期の増減		差引翌期首現在 資本金等の額
		減	増	
	①	②	③	④
資本金				
資本準備金				
利益積立金額			△110百万円	△110百万円
差引合計額			△110百万円	△110百万円

※　会計上で生じた株式譲渡損失（10百万円）を別表四及び五(一)で加算し，寄附修正事由に相当する金額を別表五(一)のみで加算しています。なお，「※」を付している理由は，別表四を通さずに別表五(一)のみで申告調整を行うからです。

※　上記の申告調整により，税務上の利益積立金額が100百万円増加し，資本金等の額が110百万円減少していることから，仕訳と一致しています。

※　被合併法人の株主と被合併法人との間に完全支配関係が成立している場合には，法人税法61条の2第17項において，同法24条1項各号に掲げる事由（ex.非適格合併）により他の内国法人の株式を有しないこととなったときに，株式譲渡損益を認識しないことが明らかにされており，同法施行令8条1項22号では，当該株式譲渡損益に相当する部分の金額を資本金等の額として処理することが明らかにされています。

　なお，条文の読み方として，法人税法61条の2第17項及び同法施行令8条1項22号

において，同法61条の２第２項の規定の適用がある合併を除く旨が規定されています
が，同項の規定の適用がある合併とは，合併法人株式または親法人株式のいずれか一
方の株式以外の資産が交付されない株式交付型合併と合併法人株式の交付が省略され
たと認められる無対価合併をいいます。すなわち，合併法人株式の交付が省略された
と認められない無対価合併である本事案では，同項の規定の適用を受けないため，同
条17項及び同法施行令８条１項22号により，資本金等の額のマイナスとして処理され
ます。

【合併法人の株主としての仕訳（Ｐ社の仕訳）】
（イ）寄附修正事由（合併時）
　　（利益積立金額）　　　　　　100百万円　（合併法人株式）　　　　　　100百万円

※合併時の別表五(一)

区分	期首現在利益積立金額	当期の増減		差引翌期首現在利益積立金額
		減	増	
	①	②	③	④
合併法人株式		※100百万円		△100百万円
差引合計額		100百万円		△100百万円

Ⅰ　利益積立金額の計算に関する明細書

（ロ）合併法人株式の譲渡（株式譲渡時）
　　（現　金　預　金）　　　　　50百万円　（合併法人株式）　　　　△70百万円
　　　　　　　　　　　　　　　　　　　　　（株 式 譲 渡 益）　　　　120百万円

　※　合併法人株式の帳簿価額がマイナスになっていることに違和感がある読者もいるか
　　もしれませんが，寄附修正事由に係る法人税法施行令９条７号の条文では「減算」と
　　規定されていることから，マイナスになることを想定した条文であると考えられます。
　　条文の読み方として，「控除」と規定している場合には30百万円から100百万円を控除
　　するとゼロ円となり，「減算」と規定している場合には30百万円から100百万円を減算
　　すると△70百万円になる，という違いがあります。

　※　合併法人株式の交付が省略されたと認められる非適格合併を行った場合には，みな
　　し配当を認識する必要があるものの（法法24③，法令23⑥一，23⑦），株式譲渡損益
　　を認識する必要はありません（法法61の２②，法令119の７の２②）。

34

補足　親会社を合併法人とし，孫会社を被合併法人とする非適格合併

　親会社を合併法人とし，孫会社を被合併法人とする無対価の吸収合併を行った場合には，対価の交付を省略したと認められないことから，非適格合併として取り扱われます。

　この場合には，子会社において被合併法人の株主としての仕訳が生じますが，合併法人である親会社が最上位の会社であることから，親会社において生じた寄附金に相当する金額に対して，その株主における寄附修正事由は生じません。すなわち，**解説**における「被合併法人における仕訳」，「合併法人における仕訳」，「被合併法人の株主としての仕訳（B社の仕訳）」は生じますが，「合併法人の株主としての仕訳（P社の仕訳)」は生じません。

Q1-10　適格合併に該当した場合

弊社（以下，「P社」という。）を合併法人とし，100％子会社であるA社を被合併法人とする吸収合併を予定しています。本件合併は適格合併に該当すると理解しています。

なお，被合併法人であるA社は債務超過ですが，この適格合併に伴い，法人税法上，課税所得は生じないと考えてよいでしょうか。

A1-10

ご質問のとおり，適格合併に該当することから，Q1-11で解説するような特殊な事案を除き，法人税法上，課税所得は生じないと思われます。

解説

1．基本的な取扱い

実務上，100％子会社が債務超過である場合には，当該子会社を被合併法人とする吸収合併（救済合併）を検討することは少なくありません。かつて，このような救済合併を行った場合には，合併法人から被合併法人に対する実質的な債権放棄があったものとして取り扱うべきであるという意見がありました（Q1-13参照）。

しかし，合併法人における受入処理は，法人税法施行令123条の3第3項において，資産及び負債を帳簿価額により引き継ぐことが明らかにされています。そして，同令8条1項5号において，被合併法人の資本金等の額をそのまま引き継ぐことが明らかにされています。さらに，同令9条柱書において，「減算」と規定されていることから，法人税法上，マイナスの利益積立金額の存在が認められており，同条2号の規定において，被合併法人から移転を受けた資産の帳簿価額から負債の帳簿価額と資本金等の額の合計額を減算した金額を合併法人の利益積立金額として処理することが明らかにされています。そのため，

被合併法人の最終事業年度における利益積立金額が合併法人において増加すべき利益積立金額となるため，被合併法人の利益積立金額が△80百万円であるならば，合併法人の利益積立金額は80百万円減少します。

　したがって，債務超過会社を被合併法人とする適格合併を行った場合における税務上の仕訳は，以下のとおりです。

【合併法人における仕訳】
（イ）適格合併による資産及び負債の引継ぎ

（資　　産）	50百万円	（借　入　金）	100百万円
		（資本金等の額）	30百万円
		（利益積立金額）	△80百万円

（ロ）抱き合わせ株式の消却

（資本金等の額）	30百万円	（子会社株式）	30百万円

（ハ）混同による消滅

（借　入　金）	100百万円	（貸　付　金）	100百万円

　これに対し，被合併法人でも，法人税法62条の2第1項及び同法施行令123条の3第1項において，資産及び負債を帳簿価額により引き継いだものとして課税所得の計算を行うことが規定されており，合併譲渡損益が発生しないことは明らかにされています。

2．合併法人が保有する被合併法人株式の処理

　Q1-6で解説したように，合併法人が被合併法人の発行済株式の全部を直接に保有している場合には，合併法人株式の交付を省略したと認められるため，無対価合併を行ったとしても，適格合併に該当します。

　このような無対価合併を行った場合であっても，合併法人が保有していた被合併法人株式について何ら譲渡損益を認識せず（法法61の2③），かつ，被合併法人株式の帳簿価額に相当する金額を合併法人の資本金等の額のマイナスとして処理します（法令8①五ハ）。

　これに対し，Ｑ1-2で解説したように，会計上，被合併法人が債務超過である場合には，被合併法人の債務超過に相当する金額と合併法人における被合併法人株式の帳簿価額に相当する金額について，特別損失として処理されます。ただし，このような特別損失は，法人税法上，損金の額に算入することができません。

　さらに，法人税法33条5項及び同法施行令68条の3第1項3号において，完全支配関係のある内国法人で適格合併を行うことが見込まれているものについては，有価証券評価損を計上することが認められていないため，合併の日の属する事業年度の直前事業年度末において有価証券評価損を計上することもできません。

具体例　会計と税務の調整

前提条件

- 合併法人はＡ社であり，被合併法人はＢ社である。
- Ａ社は3月決算法人である。
- 合併期日は令和5年10月1日である。
- 合併の直前において，合併法人Ａ社は被合併法人Ｂ社の発行済株式の全部を保有しており，当該株式の会計上の帳簿価額は1,000百万円であり，法人税法上の帳簿価額も同様である。
- 法人税法上，適格合併に該当する。
- 被合併法人Ｂ社の純資産の部

会計上		法人税法上	
資本金	100百万円	資本金等の額	200百万円
資本準備金	100百万円		
利益剰余金	△1,000百万円	利益積立金額	△1,000百万円
合計	△800百万円	合計	△800百万円

　※　被合併法人Ｂ社の資産の帳簿価額を500百万円とし，負債の帳簿価額を1,300百万円とする。

• 合併直前における被合併法人Ｂ社の利益積立金額の残高

項目	金額
繰越損益金	△1,000百万円
合計	△1,000百万円

※　単純化のため，納税充当金，未納法人税等の金額はゼロ（０）とする。

• 合併直前における合併法人Ａ社の純資産の部

会計上		法人税法上	
資本金	500百万円	資本金等の額	1,000百万円
資本準備金	500百万円		
利益剰余金	10,000百万円	利益積立金額	10,000百万円
合計	11,000百万円	合計	11,000百万円

申告処理

【会計上の仕訳】

（諸　資　産）	500百万円	（諸　負　債）	1,300百万円
（特　別　損　失）	1,800百万円	（子 会 社 株 式）	1,000百万円

【法人税法上の仕訳】

（イ）資産及び負債の引継ぎ

（諸　資　産）	500百万円	（諸　負　債）	1,300百万円
		（資本金等の額）	200百万円
		（利益積立金額）	△1,000百万円

（ロ）抱き合わせ株式の処理

（資本金等の額）	1,000百万円	（子 会 社 株 式）	1,000百万円

申告調整

（ⅰ）抱き合わせ株式の消却

　会計上，抱き合わせ株式の消却により特別損失（1,800百万円）が計上されていますが，法人税法上，損金の額に算入することが認められないため，別表四を通して加算調整を行う必要があります。その結果，別表四及び別表五(一)

に「子会社株式」として増加欄に1,800百万円をそれぞれ記載することになります。

(ⅱ) 純資産の部の調整

　会計上，合併により資本金，資本準備金及びその他資本剰余金の金額は増加していません。これに対し，法人税法上は，被合併法人の資本金等の額の引継ぎ（200百万円），抱き合わせ株式の消却（△1,000百万円）により，最終的に資本金等の額が800百万円減少しています。

　そのため，「Ⅱ. 資本金等の額の計算に関する明細書」の増加欄に「利益積立金額△800百万円」と記載するとともに，「Ⅰ. 利益積立金額の計算に関する明細書」の増加欄に「資本金等の額800百万円」と記載することにより，会計上の資本金等の額と法人税法上の資本金等の額との差額を調整します。

　さらに，（ⅰ）において加算調整を行った「子会社株式」も，合併法人が保有していた被合併法人株式に対して，合併法人株式が割り当てられた上で，当該合併法人株式を自己株式として消却したものと考えるため，別表四を通さずに別表五(一)のみで減算調整を行い，残高をゼロ（0）にする必要があります。

別表四

区分		総額	処分	
			留保	社外流出
		①	②	③
当期利益又は当期欠損の額		△1,800百万円	△1,800百万円	
加算	子会社株式	1,800百万円	1,800百万円	
減算				
仮計		0	0	
所得金額又は欠損金額		0	0	

40

別表五(一)

I　利益積立金額の計算に関する明細書				
区分	期首現在利益積立金額	当期の増減		差引翌期首現在利益積立金額
		減	増	
	①	②	③	④
子会社株式		※1,800百万円	1,800百万円	0百万円
資本金等の額			※800百万円	800百万円
繰越損益金	10,000百万円	10,000百万円	8,200百万円	8,200百万円
差引合計額	10,000百万円	11,800百万円	10,800百万円	9,000百万円

II　資本金等の額の計算に関する明細書				
区分	期首現在資本金等の額	当期の増減		差引翌期首現在資本金等の額
		減	増	
	①	②	③	④
資本金	500百万円			500百万円
資本準備金	500百万円			500百万円
利益積立金額			△800百万円	△800百万円
差引合計額	1,000百万円		△800百万円	200百万円

補足①　**合併法人以外の株主に対して合併法人株式を交付する場合**

　ご質問のケースは100％子会社との合併であるため，被合併法人の株主の処理を考える必要はありませんが，もし，被合併法人に合併法人以外の株主がいる場合において，合併法人株式を交付するときは，以下のように取り扱われます。

　まず，法人税法24条1項1号において，被合併法人の株主でみなし配当を認識すべき合併が「合併（適格合併を除く。）」と規定されているため，適格合併

を行った場合には，被合併法人の株主においてみなし配当を計上する必要はありません。そして，同法61条の2第2項では，被合併法人の株主に対し，合併法人株式のみを交付する合併を行った場合には，被合併法人の株主において株式譲渡損益が計上されないこととされています。

そのため，合併法人株式を交付する適格合併を行った場合には，被合併法人の株主において被合併法人株式の帳簿価額を合併法人株式の取得価額に付け替えます（法令119①五）。具体的に，被合併法人株式の帳簿価額が10百万円である場合には，法人税法上，以下の仕訳を行います。

【被合併法人の株主における仕訳】

（合併法人株式）　　　　　10百万円　（被合併法人株式）　　　　　10百万円

> ※　Q1-6で解説したように，被合併法人に合併法人以外の株主がいる場合において，無対価合併を行ったときは，対価の交付が省略されたと認められる場合を除き，非適格合併として取り扱われます。
> 　対価の交付が省略されたと認められない無対価の非適格合併に該当する場合には，法人税法61条の2第2項の規定が適用されないため，被合併法人の株主では，0円で譲渡を行ったものとして株式譲渡損益の計算を行う必要があります。

補足②　合併法人以外の株主に対して金銭を交付する場合

合併法人以外の株主に対して金銭を交付する場合であっても，当該合併法人以外の株主においてみなし配当は生じませんが，株式譲渡損益を認識する必要があります。例えば，被合併法人株式の帳簿価額が10百万円であり，合併により交付を受けた金銭の額が1百万円である場合には，法人税法上，以下の仕訳を行います。

【被合併法人の株主における仕訳】

（現金預金）　　　　　1百万円　（被合併法人株式）　　　　　10百万円
（株式譲渡損）　　　　9百万円

これに対し，合併法人では，合併法人以外の株主に対して交付した金銭の額が資本金等の額のマイナスとして取り扱われます。そのため，具体例の数値の

場合において，合併法人以外の株主に対して1百万円の金銭を交付したときは，法人税法上，以下の仕訳を行います。

【合併法人における仕訳】
（イ）資産及び負債の引継ぎ

（諸　資　産）	500百万円	（諸　負　債）	1,300百万円
		（現　金　預　金）	1百万円
		（資本金等の額）	199百万円
		（利益積立金額）	△1,000百万円

（ロ）抱き合わせ株式の処理

（資本金等の額）	1,000百万円	（子 会 社 株 式）	1,000百万円

補足③　兄弟会社同士の無対価合併を行った場合

　Q1-6で解説したように，被合併法人と合併法人の株主構成が同一の場合には，合併法人株式の交付が省略されたと認められるため，無対価合併を行ったとしても，他の要件を満たせば，適格合併に該当します。

　このような無対価合併であったとしても，法人税法61条の2第2項では，被合併法人の株主において株式譲渡損益を認識する必要はなく，かつ，同法施行令119条の3第20項及び同条の4第1項では，被合併法人株式の帳簿価額を合併法人株式の帳簿価額に付け替えることが明らかにされています。

　そのため，合併法人株式を交付する適格合併を行った場合と何ら変わりません。

Q1-11　合併法人が被合併法人の債権を券面額未満で取得している場合

弊社（以下，「P社」という。）を合併法人とし，100％子会社であるA社を被合併法人とする吸収合併を予定しています。本件合併は適格合併に該当すると理解しています。なお，被合併法人A社が債務超過であることから，1年前にP社がA社を買収する際に，A社に対する貸付金100百万円を10百万円でP社が取得しています。そのため，P社の貸借対照表にはA社に対する貸付金が10百万円計上され，A社の貸借対照表にはP社に対する借入金が100百万円計上されています。

このような場合であっても，適格合併に該当することから，法人税法上，課税所得は生じないと考えてよいでしょうか。

A1-11..

合併に伴い，A社に対する貸付金が混同により消滅するため，合併後のP社において，90百万円の債務消滅益が生じます。

解説..

Q1-10で解説したように，適格合併に該当する場合には，法人税法上，合併に伴う課税所得は生じないことが一般的です。

しかし，ご質問のケースのように，債権を安く取得している場合には，被合併法人A社から移転を受けた債務100百万円と，合併法人が合併前に有していた債権10百万円が混同（民法179）により消滅するため，債務消滅益が生じてしまいます。具体的には，以下の仕訳をご参照ください。

（イ）適格合併による資産及び負債の引継ぎ

（資　　産）	50百万円	（借　入　金）	100百万円
		（資本金等の額）	30百万円
		（利益積立金額）	△80百万円

（ロ）抱き合わせ株式の消却

（資本金等の額）　　　　　　30百万円　（子 会 社 株 式）　　　　30百万円

（ハ）混同による消滅

（借　　入　　金）　　　100百万円　（貸　付　金）　　　　10百万円
　　　　　　　　　　　　　　　　　　　（債 務 消 滅 益）　　　　90百万円

　※　一般的に，上記のような事案では，法人税法57条の２第１項４号に規定されている
　　「特定債権が取得されている場合」において，「欠損等法人が自己を被合併法人とする
　　適格合併」を行っている事案に該当しやすいため，同条に規定する欠損等法人の規制
　　を受ける可能性が高いと思われます。そのため，被合併法人Ａ社の繰越欠損金を合併
　　法人Ｐ社に引き継ぐことができない可能性があるため，ご留意ください。

Q1-12　不平等な合併比率による株主間贈与

> 私（以下，「甲氏」という。）が発行済株式の全部を保有するA社を合併
> 法人とし，甲氏の息子である乙氏が発行済株式の全部を保有するB社を被
> 合併法人とする吸収合併を予定しています。そして，B社が債務超過であ
> るものの，無対価合併を避けるために，A社株式を交付する予定です。な
> お，本件合併は適格合併に該当すると考えています。
> この場合，株主間贈与の問題について，どのように考えればよいので
> しょうか。

A1-12

合併により乙氏が取得したA社株式の時価に相当する部分の金額につき，甲
氏から贈与を受けたものとして考えます。

解説

1. 基本的な考え方

被合併法人が債務超過である場合において，被合併法人の株主に対して合併
法人株式を交付したときは，合併法人の株主から被合併法人の株主に対して株
主間贈与が行われたと考えます。

このような場合には，相続税法基本通達9-4で想定している事象と類似の
事象が生じていることから，被合併法人の株主と合併法人の株主の関係が親族
等に該当する場合には，被合併法人の株主において贈与税が課税されます。そ
のため，ご質問のケースでは，乙氏が贈与税を負担する必要があります。

ただし，贈与税の課税対象となるべき金額は，乙氏に対して交付された合併
法人株式の時価に相当する金額となります。なお，被合併法人の時価債務超過
額が1,000百万円である場合において，被合併法人の株主に対して交付した合
併法人株式の時価が1百万円であるときに，贈与税の課税標準を1百万円とし

てよいのかという点が問題になります。しかし，相続税法基本通達9－4を適用した場合には，被合併法人の株主が取得した合併法人株式が贈与の対象とみなされるため，当該合併法人株式の時価を超えて贈与税を課すべきではないと考えられます（古谷勇二「相続税法第9条の『みなし贈与』について」税大論叢85号195頁）。

　これに対し，被合併法人の株主が被合併法人に対して貸付けを行っていた場合や連帯保証を行っていた場合には，適格合併を行うことにより貸付金の回収可能性が高まることや，連帯保証の履行可能性が低下するという経済的便益を受けていることから，その部分については贈与税の対象にすべきであるという考え方もあり得ます。具体的には，合併を行う前に，財産評価基本通達205項に掲げる事由が生じ，貸付金の相続税評価額が額面金額以下となった場合や，相続税法基本通達14－3に掲げる事由が生じ，保証債務について，相続税法上，債務控除ができる場合が考えられます。このような場合には，合併に伴い，被合併法人に対する貸付金の相続税評価額が引き上げられたり，債務控除の対象となっていた保証債務を履行する必要がなくなったりするため，相続税評価額の観点からも，合併法人の株主から被合併法人の株主に対する贈与が行われたとみなすことができるかもしれません。

　しかしながら，財産評価基本通達205項及び相続税法基本通達14－3の要件を満たすことは稀であるため，これらが解消されたことを理由として，贈与税の課税対象になるケースは稀であると思われます。

　　※　極めて特殊なケースであると考えられますが，適格合併を行うことにより，合併法人株式の時価を下落させた後に，当該合併法人株式の贈与を行う場合には，財産評価基本通達6項が適用され，合併を行う前の時価を基礎に贈与税の課税標準が計算される可能性があります。

　　※　ご質問のケースは適格合併を前提としましたが，非適格合併であったとしても，贈与税が発生します。すなわち，Q1－8で解説したように，非適格合併を行った場合には，被合併法人において，被合併法人の簿価債務超過額に相当する譲渡益が発生します。そのため，被合併法人の簿価債務超過額が△1,000百万円であり，被合併法人の株主に対して交付された合併法人株式の時価が1百万円であるときは，被合併法人において1,001百万円の受贈益が発生し，被合併法人の株主に対して1百万円の贈与

税の課税所得が発生します。この点につき，被合併法人において受贈益を認識し，その株主に対してまで贈与税を課することは二重課税に該当すると感じられるのかもしれません。

　しかしながら，法人税法及び所得税法の体系上，発行法人で課税を受けた部分について，その株主において受取配当等の益金不算入（法人株主）または配当控除（個人株主）により二重課税を排除しているのに対し，相続税法基本通達9-4では，発行法人において何らかの法人税課税を受けるような行為（ex.債務免除，私財提供）であっても，その株主に対して贈与税を課しており，対象法人との間の二重課税の排除という考え方がありません。そのため，このような二重課税が生じることについては，やむを得ないと思われます。

※　後述するように，包括的租税回避防止規定（所法157④）を適用すべき場合には，合併法人の株主においてみなし譲渡益課税が発生することがあります。しかしながら，合併法人の株主から被合併法人の株主に対する無償の譲渡が行われたとみなしても，個人から個人に対する譲渡であることから，所得税法上，みなし譲渡益課税は発生しないため（所法59①），包括的租税回避防止規定を適用してまで，合併法人の株主に対して，みなし譲渡益課税を課すべきではないと考えられます。

２．合併法人の株主と被合併法人の株主がともに法人である場合

　ご質問のケースとは異なりますが，贈与税が課税されず，他の税目が問題になる場合について検討します。まず，合併法人の株主と被合併法人の株主がともに法人である場合には，以下のように取り扱われます。

（１）非適格合併に該当する場合

　非適格合併を行った場合には，被合併法人の資産及び負債を合併時の時価で譲渡し，対価として合併法人株式その他の資産（以下，「合併対価資産」という。）を合併時の時価により取得し，ただちに，当該合併対価資産を被合併法人の株主に対して交付したものとして取り扱われます（法法62①）。具体的には，下図のとおりです。

■非適格合併における取引図

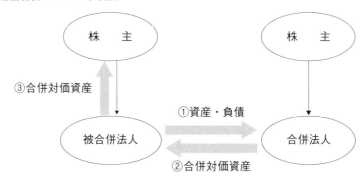

　さらに，Q1-8，Q1-9で解説したように，債務超過会社を被合併法人とする非適格合併を行った場合には，一般的には，合併法人から被合併法人に移転した合併対価資産の金額が過大であったと考えられるため，被合併法人において受贈益が認識され，合併法人において寄附金が認識されます。

　すなわち，株主間贈与があるという認定が行われたとしても，不平等合併に係る寄附金課税は，合併法人と被合併法人との間で終了していることから，合併法人の法人株主や被合併法人の法人株主に対して寄附金または受贈益を発生させることは二重課税に該当してしまいます。法人税法上，二重課税の排除のために受取配当等の益金不算入が設けられていることを考えると，これらの法人株主において，寄附金または受贈益を認識すべきではないと考えられます。

（2）適格合併に該当する場合

① 合併法人の株主における課税関係

　前述のように，債務超過会社を被合併法人とする非適格合併を行った場合には，被合併法人において受贈益が発生し，合併法人において寄附金が発生します。これに対し，適格合併を行った場合には，すべてが簿価取引により処理されることから，被合併法人の株主及び合併法人の株主において何らかの課税関係を発生させるべきであるという議論が生じる可能性があります。

　この点につき，オウブンシャ・ホールディングス事件（最三小判平成18年1

月24日判例時報1923号20頁）を参考にすれば，合併法人の既存株主から被合併法人の株主に対して無償による資産の譲渡その他の取引があったものとしてみなし譲渡益課税を課すという議論が考えられます。なぜなら，本事件では，有利発行により第三者割当増資を行った行為に対して，既存株主からの無償による資産の譲渡その他の取引があったものとして，みなし譲渡益課税を課しているからです。

しかしながら，本事件の根拠条文となった法人税法22条2項では，「別段の定めがあるものを除き」と規定されており，適格合併に係る諸規定は，本項における「別段の定め」に該当することから，包括的租税回避防止規定（法法132の2）を適用しない限り，そのような否認はできません。すなわち，このようなみなし譲渡益課税の議論は，包括的租税回避防止規定の問題であると考えられます。合併法人の株主から被合併法人の株主に対して無償による資産の譲渡があったとみなすとしても，被合併法人の株主が受け取った合併法人株式が少額である場合には，法人税の負担を不当に減少させたとまではいい難く，包括的租税回避防止規定を適用すべきではないと思われます。

② 被合併法人の株主における課税関係

前述のように，適格合併に該当する場合には，被合併法人において課税関係が生じないことから，被合併法人の株主において何らかの課税関係を発生させるべきであるという議論が生じる可能性があります。

しかしながら，条文上，合併の直前における被合併法人株式の帳簿価額に相当する金額を合併法人株式の取得価額に付け替えるだけで，原則として，株式譲渡損益やみなし配当を認識することができません（法法24①一，61の2②）。

この点につき，法人税法22条2項に規定する「無償による資産の譲受け」に該当するものとして処理しようとしても，適格合併に係る諸規定は，本項における「別段の定め」に該当することから，包括的租税回避防止規定（法法132の2）を適用しない限り，そのような否認は困難です。すなわち，このような受贈益課税の議論は，包括的租税回避防止規定の問題であると考えられます。

　しかしながら，一般的には，被合併法人の株主が受け取った合併法人株式が少額であることが多いことから，包括的租税回避防止規定を適用すべき事案はそれほど多くはないと思われます。

3．合併法人の株主が法人であり，被合併法人の株主が個人である場合

　被合併法人の株主に対して適用される法律が法人税法から所得税法に変わるだけであり，基本的には前述2と同様の取扱いになります。

> **補足**　合併の直前に合併法人が被合併法人の発行済株式の全部を取得する場合

　Q1-6で解説したように，被合併法人が債務超過である場合には，合併の直前に合併法人が被合併法人の発行済株式の全部を取得することにより，非適格となる無対価合併を回避し，税制適格要件を満たすという手法が考えられます。

　このような場合には，被合併法人株式の時価が0円であることが多いことから，備忘価額で譲渡する限り，税務上，特段の問題は生じないと考えられます。

　なお，前述のように，株式譲渡及び適格合併を行う前に，被合併法人の株主において，財産評価基本通達205項に掲げる事由が生じ，貸付金の相続税評価額が額面金額以下となっていた場合や，相続税法基本通達14-3に掲げる事由が生じ，保証債務について債務控除ができていた場合には，株式譲渡及び適格合併により，貸付金の相続税評価額が上昇し，保証債務の相続税評価額が下落した結果として，贈与税の課税対象になることも考えられます。しかしながら，実務上，そのようなケースは極めて稀であると考えられます。

Q1-13　実質債務超過会社との合併における法人税法上の議論

　弊社（以下，「P社」という。）は，A社の発行済株式総数の90％を保有しており，10％は外部の者が保有しています。

　A社は債務超過であり，今後，事業を継続したとしても赤字が続くことから，P社に吸収合併させることにより，事業の改善を図ろうと考えています。また，A社には多額の繰越欠損金があることから，A社の繰越欠損金をP社に引き継ぐことにより，法人税の節税を行うことも期待しています。

　しかし，A社の債務超過に相当する部分の金額をP社が引き継いでいることから，実質的な債務引受けとして，P社において寄附金，A社において受贈益を認識すべきであるという見解があると聞きました。

　実際に，このような寄附金，受贈益を認識する必要はあるのでしょうか。

A1-13

　無対価合併を行ったことにより，非適格合併に該当した場合には，P社において寄附金，A社において受贈益をそれぞれ認識する必要があります。

　これに対し，A社の少数株主に対してP社株式を交付したり，金銭を交付したりする場合において，従業者引継要件，事業継続要件を満たすときは，適格合併に該当します。適格合併に該当した場合には，寄附金及び受贈益を認識する必要はないと考えられます。

解説

1．債務超過会社との合併

　Q1-6で解説したように，債務超過会社との吸収合併では無対価合併を検討しがちですが，無対価合併を行ってしまうと非適格合併に該当してしまいます。このような場合には，Q1-8で解説したように，合併法人において寄附

金，被合併法人において受贈益を認識する必要があります。

　これに対し，合併法人株式を交付する吸収合併を行った場合には，従業者引継要件及び事業継続要件を満たせば，適格合併に該当します。さらに，平成29年度税制改正により，合併法人が被合併法人の発行済株式総数の3分の2以上を保有している場合には，金銭を交付する吸収合併を行っても，金銭等不交付要件に抵触しないこととされました。

　そして，Q1-10で解説したように，適格合併を行った場合には，非適格合併を行った場合と異なり，寄附金及び受贈益を認識する余地がありません。これは，非適格合併を行った場合には，合併法人における資産調整勘定，被合併法人における譲渡損益をそれぞれ正確に計算する必要があるのに対し，適格合併を行った場合には，その必要性がないからだと考えられます。

２．寄附金課税の根拠

　それでは，ご質問のように，適格合併を行った場合に，合併法人において寄附金，被合併法人において受贈益を認識すべきであるという議論が生じた経緯を考えてみましょう。まず，最初にこのような見解を公表したのは，武田昌輔教授です（武田昌輔「100％子会社の合併と株式の消滅損」税経通信62巻3号237-238頁（平成19年））。

　本論文では，2つに分けて解説されています。まず，合併法人が保有する被合併法人株式に対して合併法人株式の割当てをしたものとする当時の法人税法の規定について，「本来であれば割当てがあるのに特別な理由によって割当てをしなかったという場合に適用されることであって，割当てをすべきでない場合には，その適用がない」とされています。その結果，法人税法上，抱き合わせ株式消却損が生じてしまいますが，これは，法人税基本通達9－4－1，9－4－2の議論であると整理されています。しかし，会社法上，被合併法人または合併法人が保有していた被合併法人株式に対して合併対価資産を割り当てることは認められていません（会社法749①二）。そのため，合併法人が保有する被合併法人株式に対して「割当てがあるのに特別な理由によって割当てをし

なかった」ということは，現行会社法ではあり得ません。さらに，平成22年度税制改正により，合併法人が被合併法人株式を有する場合に，当該被合併法人株式の譲渡損益が計上されないことの明確化が図られました（『平成22年版改正税法のすべて』323頁（大蔵財務協会，平成22年））。このことからも，少なくとも，現行法人税法の下では，武田教授が語られた見解はなじまないといえます。

　また，武田教授は，被合併法人の債務超過相当部分に対して寄附金として処理するのかについても，法人税基本通達9－4－1及び9－4－2の問題であると述べられています。しかしながら，後述するように，合併法人では債務超過相当部分に対する損金は生じません。すなわち，寄附金として認定したとしても，合併法人で課税所得が増えないという問題があります。武田教授の見解は，合併法人側における寄附金の問題ではなく，被合併法人側における受贈益の問題であるにもかかわらず，寄附金の通達である法人税基本通達9－4－1及び9－4－2を使って説明しようとしたところに問題があるといえます。これは，武田教授の論文の主たる論点が，合併法人における被合併法人株式消却損の取扱いであったことが原因であったと思われます。

3．受贈益課税の問題点
(1) 公表されている見解

　しかしながら，その後も，合併法人において寄附金，被合併法人において受贈益を認識すべきであるとする見解が主張されるようになりました（掛川雅仁「債務超過の組織再編成」T&A Master 267号37頁（平成20年），佐藤増彦ほか「債務超過会社の吸収合併と税務上の問題点」税理52巻13号161頁以下（平成21年），原一郎「子会社等の整理集約化と共同持株会社の新設」（税務事例研究107号11頁以下（平成21年），廣川昭廣『M&A・組織再編の税務処理』108頁以下（大蔵財務協会，平成22年））。

　そして，その根拠として，以下の2つが挙げられています。

　①　子会社等を整理・再建する場合の損失負担等に対して，子会社支援税制

54

　が厳格に定められているのに対し，合併を行った場合に，税制適格要件を
　満たせば，寄附金及び受贈益の問題が生じないということになれば，同一
　の経済結果をもたらす行為について，異なる課税が生じることになる。
②　組織再編税制は，等価な経済取引を前提としているのに対し，債務超過
　会社を被合併法人とする適格合併を行った場合には，等価な経済取引にな
　りえない。

　これらの論点は，税務当局から問題提起された議論ではなく，そのような公
式見解は公表されていません。さらに，Ｑ１-10で解説したように，条文上，
寄附金及び受贈益が生じないことに疑いはありません。また，会社法が施行さ
れてから現在に至るまで，数多くの債務超過会社を被合併法人とする適格合併
が行われていますが，このような否認が行われたことはありません。また，上
述②の見解に対して，朝長英樹氏は，「従来の不平等合併に対して寄附金課税
を行うという見解は，実際の取扱いを説明するものではなく，予防的牽制を主
たる目的とするものであったと考えられます。(朝長英樹ほか『会社合併実務
必携』504頁（法令出版，第３版，平成29年))」と述べられています。朝長前
掲503-529頁では，合併法人において寄附金，被合併法人において受贈益を認
識すべき場合について，かなり綿密に分析されていますが，租税回避に該当し
た場合の否認手法という印象を拭えず，すべての不平等合併において，寄附金
及び受贈益を認識すべきであるという見解は持たれていないと思われます。

（2）子会社支援税制との比較
①　子会社支援税制と比較した場合の矛盾点
　前述のように，合併法人において寄附金を認識し，被合併法人において受贈
益を認識すべきであると主張する見解の多くは，子会社支援税制との比較を強
く意識しています。
　たしかに，合併により債務超過に相当する部分を引き受けるという行為を，
合併による実質的な債権放棄または債務引受けであると認定するのであれば，

寄附金及び受贈益の問題が生じるようにも思えます。

　しかし，子会社支援税制の問題は，親会社（債権者）において生じた損失について，寄附金として処理するのか，損金として処理するのかという問題にしかなり得ません。なぜなら，債権放棄または債務引受けを行った場合には，法人税基本通達9－4－1，9－4－2の要件を満たしたとしても，子会社（債務者）において受贈益が生じてしまうからです。そのため，子会社支援税制を根拠としたとしても，法人税基本通達9－4－1，9－4－2の要件を満たせば，被合併法人において受贈益課税が生じないということにはなりません。

　さらに，合併法人において寄附金を認識すべきであるという考え方にも大きな問題があります。なぜなら，合併法人における法人税法上の仕訳として，以下のように，資産，負債，資本金等の額及び利益積立金額を帳簿価額により受け入れ，合併法人が保有していた被合併法人株式を抱き合わせ株式として消却するという仕訳になるからです。

　　（イ）適格合併による資産及び負債の引継ぎ
　　　（資　　　　産）　　　　50百万円　（借　入　金）　　　　100百万円
　　　　　　　　　　　　　　　　　　　　（資本金等の額）　　　　30百万円
　　　　　　　　　　　　　　　　　　　　（利益積立金額）　　　△80百万円

　　（ロ）抱き合わせ株式の消却
　　　（資本金等の額）　　　　30百万円　（子 会 社 株 式）　　　30百万円

　　（ハ）混同による消滅
　　　（借　入　金）　　　　100百万円　（貸　付　金）　　　　100百万円

　このように，合併受入仕訳では，何ら損金は生じていないことから，寄附金として否認したところで，課税所得は増加しません。そのため，法人税基本通達9－4－1，9－4－2は，合併法人において寄附金，被合併法人において受贈益を認識すべきかどうかを議論する際の根拠にはならないといえます。

② 債権放棄または債務引受けと適格合併が同一の経済効果をもたらす取引か否か

さらに，合併法人において寄附金を認識し，被合併法人において受贈益を認識すべきであると主張する見解の多くは，債権放棄または債務引受けと被合併法人を救済するための合併が同一の経済結果をもたらす取引であるという前提に立っています。

しかしながら，この見解は，合併を行った場合には，合併法人と被合併法人が同一の法人格になっているという前提が無視されているという点に問題があります。なぜなら，子会社の救済合併は，子会社から親会社に対して事業譲渡を行い，その後，子会社を清算するストラクチャー（以下，「第2会社方式」という。）と比較されることが一般的だからです。

そして，現行法人税法上，法人税基本通達9－4－1，9－4－2の要件を満たしたとしても，子会社が清算した場合において，残余財産がないと見込まれるときは，債務免除益と特例欠損金（期限切れ欠損金）を相殺することができます。そのため，実質的に債務免除益課税が生じることはほとんどありません。

さらに，このような第2会社方式における裁決例，裁判例でも，親会社における寄附金課税のみが争われ，子会社における受贈益課税について争われたものは公表されていません。

このように，合併法人における寄附金課税ではなく，被合併法人における受贈益課税を議論すべき場合において，子会社支援税制と比較することには無理があったといえます。

（3）組織再編税制が等価な経済取引を前提としているという点について

朝長氏が指摘されているように，現行法人税法上，不平等合併における税務上の取扱いは明確にされていません。そのため，租税回避に該当する場合に，どのような課税処分が行われるのかは明らかではありません。しかし，不平等合併を行ったとしても，適格合併に該当する限り，被合併法人では損益が生じ

ません。そのため，対等合併を行った場合と課税所得は変わらず，被合併法人
の法人税を不当に減少することにはならないため，すべての不平等合併におい
て，被合併法人に受贈益が生じるということにはなりません。また，法人税法
22条や132条を根拠として，租税回避に対して否認を行う事例は，かなり極端
な事例であることからも，「債務超過会社を被合併法人とする適格合併を行っ
た」ということがトリガーになるのではなく，より悪質な背景がある場合に
限って問題になるといえます。

　実務家の立場からすると，「租税回避に該当した場合にどのような否認がさ
れるのか」ではなく，「どのようなものが租税回避に該当するのか」を議論す
べきであると思われます。

4．最近の議論

　平成22年度税制改正後は，合併法人において寄附金，被合併法人において受
贈益を認識すべきであるという見解はほとんど聞かれなくなりました。債務超
過会社を被合併法人とする適格合併のほとんどが100％子会社との合併である
ことから，被合併法人において受贈益を認識したとしても，グループ法人税制
により益金の額に算入されなくなるからです（法法25の2）。

　そのため，最近では，グループ法人税制が適用される場合には問題にならな
いが，グループ法人税制が適用されない場合には，合併法人において寄附金，
被合併法人において受贈益を認識すべきであるという見解が公表されるように
なりました（関根稔ほか『立法趣旨で読み解く組織再編税制・グループ法人税
制』52-54頁（中央経済社，平成29年））。また，この見解でも，法人税基本通
達9-4-1，9-4-2が根拠とされています。

　しかし，現行法人税法には，この見解はなじまないと思われます。これを理
解するためには，法人による完全支配関係がある場合における寄附金，受贈益
課税と法人税基本通達9-4-1及び9-4-2の関係を理解する必要があり
ます。

　たしかに，グループ法人税制が適用される場合には，贈与をした法人におい

58

て寄附金は損金の額に算入されず，贈与を受けた法人においても受贈益は益金の額に算入されません。しかし，法人税法25条の２に規定されている受贈益の益金不算入は，贈与をした法人において寄附金の損金不算入が適用されていることが前提になります。そのため，法人税基本通達９－４－１または９－４－２が適用される場合には，受贈益の益金不算入を適用することができません（法基通４－２－５）。

　このように，法人税基本通達９－４－１または９－４－２の要件を満たす場合には受贈益が課税され，同通達の要件を満たさない場合には，受贈益の益金不算入が適用されるため，この見解に従うとまったく逆の結論になってしまうという矛盾が生じます。したがって，このような見解が正しいとすれば，法人税基本通達９－４－１，９－４－２を根拠とせずに，積極的に受贈益として課税すべきであるという見解によらざるを得ませんが，そのような見解は今のところないように思われます。

　　※　法人税基本通達９－４－１または９－４－２を根拠とせず，積極的に受贈益として課税すべきという考え方は，①そのための条文の根拠がないこと，②受贈益課税を回避するという租税回避は行われていないことから，立法論ならともかくとして，解釈論では成り立ちにくいと思われます。さらに，このような見解が正しいとすれば，債務超過会社を被合併法人とする合併が可能になった平成18年５月１日からグループ法人税制が導入される前の平成22年９月30日までの間に否認事例が公表されているはずですが，そのような否認事例は公表されていないことから，積極的に受贈益として課税すべきという考え方を課税当局が採用していないことは明らかといえます。

5. 結　論

　このように，合併法人において寄附金，被合併法人において受贈益を認識すべきとする見解には，それぞれ問題があり，実際に否認された事例も公表されていません。

　そのため，ご質問のケースのように，子会社の発行済株式の一部を外部の者が保有している場合であったとしても，適格合併に該当する場合には，合併法人において寄附金，被合併法人において受贈益をそれぞれ認識する必要はありません。

Q1-14 適格合併後に合併法人が解散した場合（被合併法人が債務超過の場合）

> 　弊社（以下，「Ｐ社」という。）を合併法人とし，100％子会社であるＡ社を被合併法人とする吸収合併を予定しています。なお，被合併法人Ａ社は債務超過であり，合併後に，合併法人Ｐ社を解散することを予定しています。これは，Ｐ社が保有する資産の含み益とＡ社の特例欠損金（期限切れ欠損金）を相殺することを目的としています。
>
> 　このような場合であっても，この適格合併に伴い，法人税法上，課税所得は生じないと考えてよいでしょうか。

A1-14

　ご質問のケースであっても，適格合併に伴い，法人税法上，課税所得は生じないと思われます。しかしながら，法人税法上，特例欠損金を引き継ぐ旨の規定がないことから，異なる見解もありうるという点にご留意ください。

解説

1．税制適格要件の検討

　合併後に，合併法人が解散（適格合併による解散を除く。）することが見込まれている場合には，事業継続要件，従業者引継要件を満たすことができないことから，50％超100％未満グループ内の適格合併，共同事業を行うための適格合併の要件をそれぞれ満たすことができません。そのため，100％グループ内の合併以外の場合には，非適格合併に該当します。

　これに対し，ご質問のケースのように100％グループ内で合併を行う場合において，適格合併に該当するためには，合併法人と被合併法人の間に完全支配関係がある場合において，被合併法人の株主に対して，合併法人株式または合併親法人株式のいずれか一方の株式以外の資産が交付されないことが必要になります。なお，合併に係る合併法人と被合併法人の間に完全支配関係がある場

60

合とは，以下のいずれかの関係をいいます（法法2十二の八，法令4の3②）。

①　合併前に被合併法人と合併法人との間にいずれか一方の法人が他方の法人の発行済株式の全部を直接または間接に保有している関係がある場合（親子関係）

②　合併前に被合併法人と合併法人との間に同一の者によってそれぞれの法人の発行済株式の全部を直接または間接に保有される関係があり，かつ，当該合併後に当該同一の者によって当該合併法人の発行済株式の全部が直接または間接に継続して保有されることが見込まれている場合（兄弟関係）

　このように，合併前に被合併法人と合併法人との間に同一の者によってそれぞれの法人の発行済株式の全部が直接または間接に保有される関係がある場合には，合併前の完全支配関係だけでなく，合併後の完全支配関係の継続が要求されています。そのため，合併後に合併法人が解散することが見込まれている場合には，合併後の完全支配関係の継続が見込まれなくなってしまうことから，100％グループ内の適格合併には該当しません。

　これに対し，合併前に被合併法人と合併法人との間にいずれか一方の法人が他方の法人の発行済株式の全部を直接または間接に保有している関係がある場合には，合併前の完全支配関係のみが要求されており，合併後の完全支配関係の継続までは求められていないことから，100％グループ内の適格合併の要件を満たすことができます。

※　前述のように，被合併法人と合併法人との間に同一の者によってそれぞれの法人の発行済株式の全部が直接または間接に保有される関係がある場合には，合併後に当該同一の者による完全支配関係が継続する必要があることから，合併法人が解散することが見込まれているときは，非適格合併に該当してしまいます。
　このような場合には，資産超過であるP社が債務超過であるA社の発行済株式の全部を取得してから合併し，その後，解散するという手法が考えられます。なぜなら，合併前に被合併法人と合併法人との間にいずれか一方の法人が他方の法人の発行済株式の全部を直接または間接に保有している関係がある場合には，合併後に完全支配関係が継続することは要求されないからです。

　※　Q1-15で解説するように，完全支配関係内の合併であっても，事業単位の移転が伴わない場合には，包括的租税回避防止規定（法法132の2）が適用される可能性があるという考え方があります。そして，合併後に解散する場合には，被合併法人の事業が合併法人において引き続き行われないことから，事業単位の移転が伴っていないと認定される可能性があるため，税負担の減少目的ではなく，事業目的が主目的であることを明らかにすることにより，包括的租税回避防止規定が適用されないようにする必要があります。

2．100%子会社との適格合併を行った後に，合併法人を解散する場合

　Q6-5で解説するように，解散の日の翌日以降における法人税の課税所得の計算では，残余財産がないと見込まれている場合，すなわち，債務超過会社が解散する場合には，債務免除益や資産の譲渡益と相殺するための損失として，清算中に終了する事業年度前の各事業年度において生じた特例欠損金（期限切れ欠損金）を損金の額に算入することが認められています。さらに，特例欠損金は，マイナスの利益積立金額を基礎に算定されることから，適格合併後の合併法人が債務超過である場合には，債務免除益とマイナスの利益積立金額を相殺することができます。具体的には，以下の事例をご参照ください。

具体例

（前提条件）

（イ）親会社P社の貸借対照表

（単位：百万円）

科目	簿価	時価	科目	簿価	時価
資産	800	840	負債	700	700
A社株式	10	0	資本金等の額	100	100
			利益積立金額	10	40
合計	810	840	合計	810	840

（ロ）子会社Ａ社の貸借対照表

（単位：百万円）

科目	簿価	時価	科目	簿価	時価
資産	300	300	負債	500	500
			資本金等の額	10	10
			利益積立金額	△210	△210
合計	300	300	合計	300	300

（ハ）合併後の貸借対照表

（単位：百万円）

科目	簿価	時価	科目	簿価	時価
資産	1,100	1,140	負債	1,200	1,200
			資本金等の額	100	100
			利益積立金額	△200	△160
合計	1,100	1,140	合計	1,100	1,140

[税務上の取扱い]

　本事例において，子会社Ａ社を清算してから親会社Ｐ社を清算する場合には，親会社Ｐ社で貸倒損失が発生するため，当該貸倒損失と債務免除益とを相殺することができます。

　これに対し，適格合併を行ってから解散する場合には，合併後のＰ社が債務超過であることから，繰越欠損金がゼロであったと仮定しても，資産の譲渡益（40百万円〔＝1,140百万円－1,100百万円〕）及び債務免除益（60百万円〔＝1,200百万円－1,140百万円〕）と相殺するための損失として，特例欠損金（200百万円）を使用することができるように思います。しかしながら，法人税法2条19号では，欠損金額の定義を「各事業年度の所得の金額の計算上当該事業年度の損金の額が当該事業年度の益金の額を超える場合におけるその超える部分の金額をいう。」と規定しており，同法59条4項では，「その清算中に終了する

事業年度前の各事業年度において生じた欠損金額を基礎として政令で定めるところにより計算した金額に相当する金額」を損金の額に算入すると規定し，同法施行令117条の5では，「政令で定めるところにより計算した金額」とは，「適用年度終了の時における前事業年度以前の事業年度から繰り越された欠損金額の合計額」から同法57条1項の規定により適用年度の所得の金額の計算上損金の額に算入される欠損金額を控除した金額であると規定しています。

　すなわち，法人税法の条文上は，過去の事業年度の欠損金額の積み重ねにより，特例欠損金の金額を算定するようにも読め，法人税基本通達12-3-2は，このような計算をすることが不可能であるために，簡便計算を認めたものと解することもできます。さらに，法人税法上，適格合併により法人税法57条に規定する繰越欠損金（青色欠損金）を引き継ぐ旨の規定はありますが，同法2条19号に規定する欠損金額，同法59条に規定する特例欠損金を引き継ぐ旨の規定は存在しません。このように解した場合には，適格合併により利益積立金額のマイナスを増加させたとしても，当該増加させた部分の金額について，特例欠損金として認めないという解釈もあり得ます。

　しかしながら，平成22年度税制改正及び平成23年度税制改正は，残余財産がないにもかかわらず税額が発生することのないように措置されたものと解されるため（『平成23年版改正税法のすべて』277頁参照），このような通達の縮小解釈による否認は租税回避が明らかな場合に限るべきであると思われます。

　ご質問のケースは，子会社A社を清算した後に，親会社P社を清算した場合には，親会社で貸倒損失を認識することができるため，租税回避が明らかな場合には該当しません。そのため，適格合併により増加した利益積立金額のマイナスと資産の譲渡益を相殺することができると思われますが，異なる解釈も可能であるため，実務上，慎重な対応が必要になります。

Q1-15　包括的租税回避防止規定

　最近の税務調査では，包括的租税回避防止規定について議論になることが多いと聞いています。

　債務超過会社との合併を行う場合には，どのような点に留意する必要があるでしょうか。

A1-15

　債務超過会社との合併を行う場合には，その債務超過会社が保有する繰越欠損金を合併法人に引き継ぐことにより，合併法人における法人税の負担が軽減されることが少なくありません。

　そのため，組織再編税制に係る各規定の本来の趣旨及び目的から逸脱していないかどうか，事業目的が税負担の減少目的よりも上位にあるかどうかについて，それぞれ慎重な検討が必要になります。

解説

1．制度の概要

　法人税法132条の2では，組織再編成に係る包括的租税回避防止規定が定められています。具体的な包括的租税回避防止規定の射程について，ヤフー・IDCF事件最高裁判決（最一小判平成28年2月29日TAINSコードZ266-12813，最二小判平成28年2月29日TAINSコードZ266-12814）では，「組織再編成は，その形態や方法が複雑かつ多様であるため，これを利用する巧妙な租税回避行為が行われやすく，租税回避の手段として濫用されるおそれがあることから，法132条の2は，税負担の公平を維持するため，組織再編成において法人税の負担を不当に減少させる結果となると認められる行為又は計算が行われた場合に，それを正常な行為又は計算に引き直して法人税の更正又は決定を行う権限を税務署長に認めたものと解され，組織再編成に係る租税回避を包括的に防止

する規定として設けられたものである。このような同条の趣旨及び目的からすれば，同条にいう『法人税の負担を不当に減少させる結果となると認められるもの』とは，法人の行為又は計算が組織再編成に関する税制（以下「組織再編税制」という。）に係る各規定を租税回避の手段として濫用することにより法人税の負担を減少させるものであることをいうと解すべきであり，その濫用の有無の判断に当たっては，①当該法人の行為又は計算が，通常は想定されない組織再編成の手順や方法に基づいたり，実態とは乖離した形式を作出したりするなど，不自然なものであるかどうか，②税負担の減少以外にそのような行為又は計算を行うことの合理的な理由となる事業目的その他の事由が存在するかどうか等の事情を考慮した上で，当該行為又は計算が，組織再編成を利用して税負担を減少させることを意図したものであって，組織再編税制に係る各規定の本来の趣旨及び目的から逸脱する態様でその適用を受けるもの又は免れるものと認められるか否かという観点から判断するのが相当である。」と判示されています。

　ヤフー・IDCF事件は，経済合理性基準ではなく，制度濫用基準に基づいて租税回避を捉えています。すなわち，(a)不自然なものであるかどうか，(b)税負担の減少以外の事業目的その他の事由が存在するかどうか，(c)組織再編成を利用して税負担を減少させることを意図したものかどうか，(d)組織再編税制に係る各規定の本来の趣旨及び目的から逸脱しているかどうか，により包括的租税回避防止規定の適用が検討されます。

　ただし，「行為・計算の不自然性が全く認められない場合や，そのような行為・計算を行うことの合理的な理由となる事業目的等が十分に存在すると認められる場合には，他の事情を考慮するまでもなく，不当性要件に該当すると判断することは困難である（徳地淳・林史高「判解」法曹時報69巻5号299頁（平成29年））」とする調査官解説が公表されたことにより，アカデミックにはともかくとして，実務上は，経済合理性基準とほとんど変わらないようにも思えます。この点については，「行為・計算の不自然さ（異常性・変則性）の程度との比較や税負担の減少目的と事業目的の主従関係等に鑑み，行為・計算の

66

合理性を説明するに足りる程度の事業目的等が存在するかどうかという点を考慮する上記…の考え方を採用する旨を明らかにするものと考えられよう（徳地・林前掲298頁）」とも解説されていることから，事業目的があったとしても，明らかに税負担の減少目的が主目的であると認められる場合には，包括的租税回避防止規定が適用される可能性は否定できません。

　このように，実務上は，事業目的があればよいというわけでなく，組織再編税制に係る各規定の本来の趣旨及び目的から逸脱していないかどうか，事業目的が税負担の減少目的よりも上位にあるかどうかについて，それぞれ慎重に判断する必要があるといえます。

２．繰越欠損金を利用するための適格合併
（1）親会社を合併法人とする適格合併

　Ｑ1-7で解説したように，適格合併を行った場合には，被合併法人の繰越欠損金を合併法人に引き継ぐことができます（法法57②）。そして，支配関係発生日から合併事業年度開始の日まで5年を経過していない場合には繰越欠損金の引継制限が課されますが，5年を経過している場合には繰越欠損金の引継制限が課されません（法法57③）。そのため，事業を廃止し，ペーパー会社になった法人を被合併法人とする適格合併を行った場合であっても，被合併法人の繰越欠損金を合併法人に引き継ぐことができます。

　このような繰越欠損金を利用するためだけに適格合併をする行為に対して，包括的租税回避防止規定（法法132の2）が適用されるのではないかという議論も考えられます。実際，TPR事件（東京高判令和元年12月11日TAINSコードZ888-2287）及びPGM事件（国税不服審判所令和2年11月2日裁決TAINSコードF0-2-1034）では，完全支配関係内の合併であっても，被合併法人の合併前に行う事業が合併後に合併法人で引き続き行われることを想定したうえで繰越欠損金の引継ぎが認められているにもかかわらず，納税者の取引がそのようなものには該当しないことを理由として，包括的租税回避防止規定が適用されています。

　そのため，TPR事件のように，被合併法人の合併前に行う事業を別会社に移転させた後に，ペーパー会社となった被合併法人の繰越欠損金を合併法人に引き継ぐ場合には，事業の移転先と繰越欠損金の移転先が異なることを理由として，包括的租税回避防止規定が適用される可能性があると思われます。さらに，被合併法人の保有していた資産の大部分を兄弟会社に移転した後に，ペーパー会社となった被合併法人の繰越欠損金を合併法人に引き継いだ場合にも，資産の移転先と繰越欠損金の移転先が異なることを理由として，包括的租税回避防止規定が適用される可能性があると思われます。

　これに対し，事業を廃止し，ペーパー会社になった法人の場合には，ペーパー会社を存続させる経済合理性はなく，合併または清算により消滅させることに経済合理性が認められます。そして，平成22年度税制改正により，完全支配関係がある他の内国法人の残余財産が確定した場合であっても，その法人株主（親会社）に繰越欠損金を引き継ぐことができるようになりました。すなわち，完全支配関係がある子会社を清算したとしても，合併したとしても，法人税法上の影響は変わらないことから，ペーパー会社になった法人を被合併法人とする適格合併を行ったとしても，法人税の負担を減少させたと考えるべきではありません。そのため，制度趣旨に反するかどうかという点を議論するまでもなく，包括的租税回避防止規定を適用すべきではないと考えられます。

　※　佐々木浩ほか『平成22年版改正税法のすべて』284頁（大蔵財務協会，平成22年）では，「残余財産が確定した法人の欠損金については，特定の資産との結びつきが希薄であることを踏まえ，その移転資産の有無に関わらず，合併に係る欠損金の引継ぎと同様の取扱いとすることとされました。」と解説されています。そのため，事業を廃止し，当該廃止した事業に係る資産を他の子会社に譲渡した後に，残余財産の確定により繰越欠損金を親会社に引き継いだとしても，同族会社等の行為または計算の否認（法法132）を適用すべきではないという見解も成り立ちます。ただし，他の子会社を合併法人とする適格合併を行うことに合理性が認められるのに対し，親会社に繰越欠損金を引き継ぐことを目的に上記の取引が行われた場合には，特定の資産の結びつきが明確であるという理由により同族会社等の行為または計算の否認を適用すべきであるという見解も成り立ちます。

（2）兄弟会社を合併法人とする適格合併

　これに対し，親会社を合併法人にするのではなく，他の子会社を合併法人にする場合には，子会社の残余財産が確定した場合とは繰越欠損金が引き継がれる法人が異なることから，法人税の負担が減少することが考えられます。

　そして，TPR事件及びPGM事件では，被合併法人の合併前に行う事業が合併後に合併法人で引き続き行われることを想定して被合併法人の繰越欠損金を合併法人に引き継ぐことが認められたと判示されているので，ペーパー会社との合併により兄弟会社に繰越欠損金を引き継ぐ場合には，制度趣旨に反することが明らかであるといえるかもしれません。さらに，PGM事件における国側の主張では，本来であれば清算すべきところ，一定の期間が経過した後に合併をした行為について不自然であるとしています。

　なお，事業を廃止したとしても，何かしらの権利及び義務を有していることが一般的です。そして，親会社ではなく他の子会社を合併法人とする事業目的があり，かつ，その事業目的が主目的であると認められる場合には，包括的租税回避防止規定を適用すべきではないようにも思われます。しかしながら，PGM事件では，わずかではあるものの一定の権利及び義務がありましたが，事業実態がなく休眠状態であったことを理由として，事業目的が認められないと判示されていることから，包括的租税回避防止規定が適用されないようにするためには，より明確な事業目的が必要になると思われます。

（3）繰越欠損金を利用するための企業買収と適格合併

　朝長英樹ほか『平成13年版改正税法のすべて』244頁（大蔵財務協会，平成13年）では，包括的租税回避防止規定が適用される具体例として，「繰越欠損金や含み損のある会社を買収し，その繰越欠損金や含み損を利用するために組織再編成を行う」ものが挙げられています。

　しかし，支配関係発生日から合併事業年度開始の日まで5年を経過していない場合には，繰越欠損金の引継制限が課されていることから（法法57③），それ以外の場合における包括的租税回避防止規定（法法132の2）の適用は，制

度の濫用が明らかな場合に限られるべきだと思われます。さらに，平成18年度
税制改正において，欠損等法人の欠損金の繰越しの不適用（法法57の２）が導
入されたことにより，「繰越欠損金や含み損のある会社を買収し，その繰越欠損
金や含み損を利用するために組織再編成を行う」ことは難しくなっていること
から，包括的租税回避防止規定が適用されることはそれほど多くはありません。

　なお，企業買収の現場において，繰越欠損金を利用できるという節税効果を
買収価格に上乗せするということも行われています。そのような場合であって
も，法人税，住民税及び事業税の支出額が軽減されることにより，将来キャッ
シュ・フローを改善させることは否定できないことから，その節税効果を買収
価格に上乗せしたとしても，それだけで包括的租税回避防止規定を適用すべき
ではありません。

　しかしながら，事業目的よりも税負担の減少目的が主目的であると認定され
た場合には，包括的租税回避防止規定が適用される可能性も否めません。その
ため，事業目的の観点から，企業買収の目的及びストラクチャーを決定した理
由をそれぞれ明らかにする必要があります。

　　※　被買収会社の収益力で使用できる繰越欠損金の節税効果のみを上乗せし，買収会社
　　　との合併により使用できる繰越欠損金の節税効果を上乗せしない場合には，繰越欠損
　　　金の利用を目的とした買収ではないという心証を与えることができるため，買収会社
　　　との合併により使用できる繰越欠損金の節税効果を上乗せしないほうが包括的租税回
　　　避防止規定が適用されるリスクを軽減することができるともいえます。もちろん，買
　　　収会社との合併により使用できる繰越欠損金の節税効果を上乗せしたとしても，買収
　　　及び合併に係る事業目的が明確であり，かつ，事業目的が主目的であれば，包括的租
　　　税回避防止規定を適用すべきではありません。

　　※　ヤフー事件では，繰越欠損金が課税当局によって修正された場合の売却価格調整事
　　　項を記載した差入書が存在することについて，東京地裁が問題視していました（東京
　　　地判平成26年３月18日TAINSコードZ264-12435）。この点につき，太田洋弁護士は，
　　　Ｍ＆Ａの実務において税効果に関する表明保証条項やそれについて違反があった場合
　　　の補償条項（Tax Indemnification条項）が入ることが一般的であるとして批判され
　　　ています（太田洋・矢野正紘『Ｍ＆Ａ・企業組織再編のスキームと税務』690-691頁
　　　（大蔵財務協会，第２版，平成26年））。このような批判は当然のことであり，控訴審
　　　では，その点についての補正がされています（東京高判平成26年11月５日TAINSコー
　　　ドZ264-12563）。

（4）完全支配関係を成立させた後の適格合併

　税制適格要件の判定上，合併の直前に完全支配関係が成立したとしても，完全支配関係内の合併に該当します（法令4の3②）。そのため，合併法人が被合併法人の発行済株式総数の70％を保有している場合において，従業者引継要件または事業継続要件に疑義があるときは，残りの30％の株式を追加取得することにより完全支配関係を成立させたうえで合併を行えば，完全支配関係内の合併に該当させることができます。その結果，従業者引継要件及び事業継続要件を満たす必要がなくなることから，金銭等不交付要件を満たせば，適格合併に該当させることができます（法法2十二の八イ）。

　そして，Q1-7で解説したように，適格合併を行った場合には，被合併法人の繰越欠損金を合併法人に引き継ぐことができます（法法57②）。さらに，支配関係発生日は，発行済株式総数の50％を超える数の株式を直接または間接に保有することになったかどうかで判定されるため，保有比率が70％から100％に引き上げられたとしても，支配関係発生日は変わりません。そのため，発行済株式総数の70％の株式を取得した日から合併事業年度開始の日まで5年を経過していれば，繰越欠損金の引継制限が課されません。

　この点，合併の直前に被合併法人株式を追加取得したことが租税回避に該当し，包括的租税回避防止規定を適用すべきであるという考え方もあり得ます。しかしながら，繰越欠損金の引継制限に係る諸規定が合併の直前に被合併法人株式を取得することを前提に作られていることから，完全支配関係を成立させたという理由で租税回避と認定すべきではありません。

　もちろん，包括的租税回避防止規定の適用はストラクチャー全体を見ながら判定されることから，保有比率を増やした後に適格合併を行った場合において，事業目的が十分に認められないときは，包括的租税回避防止規定が適用される可能性があります。例えば，TPR事件及びPGM事件では，完全支配関係内の合併であっても，被合併法人の合併前に行う事業が合併後に合併法人において引き続き行われることを想定したうえで繰越欠損金の引継ぎが認められているにもかかわらず，納税者の取引がそのようなものには該当しないことを理由と

して，包括的租税回避防止規定が適用されているため，従業者引継要件または事業継続要件が満たせないのであれば，これらの事件と同様の問題が生じることになります。さらに，PGM事件における国側の主張でも，合併前に完全支配関係を成立させたことが税負担の減少のためであるとしていることから，それだけでは否認されないものの，税務調査において厳しい対応がなされる可能性は否定できません。

　しかしながら，少数株主から追加的に子会社株式を取得し，完全支配関係を成立させる場合には，子会社の株主を親会社の株主にしたくないといった事業上の理由や子会社の株主から取得価額で買い取らざるを得ないといった事業上の理由があることが多いため，事業目的が十分に認められる事案も少なくありません。

　さらに，実務上，完全支配関係がある子会社との合併は，招集通知の発送や株主総会の実施を形式的に済ませることにより，少数株主のいる子会社との合併に比べて極めて簡便に実施することができることから，合併の直前に完全支配関係を成立させるという行為に経済合理性が認められることが少なくありません。

　したがって，親会社と子会社との間に完全支配関係がないものの，支配関係がある場合において，従業者引継要件または事業継続要件に疑義があるときに，完全支配関係を成立させることにより適格合併に該当させる行為に対して包括的租税回避防止規定が適用される事案は，それほど多くはないと考えられます。

（5）支配関係発生日から5年を経過するまで待つ場合

　支配関係発生日から合併事業年度開始の日までの期間が5年を経過していない場合において，みなし共同事業要件を満たさないときは，繰越欠損金の引継制限が課されています（法法57③）。そのため，支配関係発生日から合併事業年度開始の日までの期間が5年を経過するまで待ってから適格合併を行うというケースが考えられ，このような行為に対して，包括的租税回避防止規定が適用されるかどうかにつき検討が必要になります。

　本来であれば，このような5年という形式要件が定められているものについて，安易に包括的租税回避防止規定を適用すべきではありません。もし，これを租税回避と認定するのであれば，支配関係発生日から合併事業年度開始の日までの期間が9年または10年を経過していない適格合併に対して繰越欠損金の引継制限を課すべきだったからです。

　もちろん，当初から5年間を経過するまで待つつもりで買収したのであれば，繰越欠損金を利用するための買収及び合併であることから，明らかに個別防止規定を潜脱しており，包括的租税回避防止規定を適用すべき事案があることは否定できません。例えば，PGM事件における国側の主張では，5年間を経過するまで待ったことについて，税負担の減少が主目的であり，事業目的が認められないとしています。

　しかしながら，実務上は，買収した時点では5年経過するまで待つつもりはなく，買収後3〜4年が経過したことにより，事業上，被買収会社との合併が可能な状況になったため，残り1〜2年が経過するのを待っている事案がほとんどであると思われます。

　理論上は，このようなものにまで制度の濫用として包括的租税回避防止規定を適用すべきではありませんが，それでも5年という形式要件を満たすために，合併を延期するという行為が個別防止規定を潜脱していることは否定できないことから，包括的租税回避防止規定を適用すべきであるという見解もあり得ます。

　※　ヤフー事件の第一審では，「個別否認規定が定める要件の中には，法57条3項が定める5年の要件など，未処理欠損金額の引継ぎを認めるか否かについての基本的な条件となるものであって，当該要件に形式的に該当する行為又は事実がある場合にはそのとおりに適用することが当該規定の趣旨・目的に適うことから，包括的否認規定の適用が想定し難いものも存在することは否定できない。」と判示されています。

　※　財務省主税局で法人税法の立案に関与されていた朝長英樹氏，佐々木浩氏は，組織再編税制ができた平成13年当時は，欠損金の繰越期間が5年であったことから，長年にわたって支配関係がある法人については繰越欠損金の引継制限，使用制限及び特定資産譲渡等損失額の損金不算入を課さなくてよいという考え方における「長年」という基準が5年になったとしながらも，欠損金の繰越期間が延長されたことに伴って，

　5年待つという行為に対しては，それぞれ包括的租税回避防止規定が適用される可能
性があるという点を指摘されています（朝長英樹『現代税制の現状と課題　組織再編
成税制編』40頁（注18），42頁（新日本法規，平成29年），佐々木浩（発言）仲谷修ほ
か『企業組織再編税制及びグループ法人税制の現状と今後の展望』59頁（大蔵財務協
会，平成24年）参照）。

（6）玉突き型の組織再編成

　子会社に繰越欠損金がある場合において，その子会社で利用することができ
るだけの十分な収益力がないときに，親会社で繰越欠損金を使うことができな
いかというご相談を受けることがあります。一般的には，親会社と子会社の統
合を考えることが多いのですが，稀に繰越欠損金だけを引き継ぎたいというご
相談もあります。

　このような場合には，事業譲渡または分割により別会社に事業を移転したう
えで適格合併を行うという手法が考えられます。しかし，このような子会社が
抜け殻になるストラクチャーは，繰越欠損金を移転するためだけに行われたス
トラクチャーであり，経済合理性が認められないことから，包括的租税回避防
止規定が適用される可能性があります（五枚橋實「企業組織再編税制にかかる
誤り事例と留意点について」租税研究658号67頁（平成16年），佐々木浩（発
言）仲谷修ほか『企業組織再編税制及びグループ法人税制の現状と今後の展
望』130頁（大蔵財務協会，平成24年））。すなわち，組織再編成の目的として，
事業目的が主目的ではなく，繰越欠損金を移転することが主目的であると認定
された場合には，包括的租税回避防止規定が適用される可能性があります。

　ただし，旧会社に繰越欠損金が存在していたということであれば，新会社で
新たに繰越欠損金が生じる可能性も否定できないことから，新会社の資金調達
能力に疑義が生じます。もちろん，親会社が連帯保証を行えば足りますが，金
融機関との関係を考えた場合には，今後，必要となる設備投資に備えるために，
主要な固定資産や借入金を親会社に移転したほうが望ましいということは少な
くありません。そのため，実務上，このように完全に抜け殻にするケースは考
えにくく，かつては，このようなケースにおける包括的租税回避防止規定の適

用が議論になったことも稀でした。

　これに対し，TPR事件では，工場の建物等及び機械等の製造設備を合併法人に移転し，それ以外の資産を新会社に移転した事案に対して，「本件合併とともに本件設立，本件転籍，本件譲渡及び本件賃貸借が行われたことによって，実態としては，旧 a 社の営んでいた本件事業はほぼ変化のないまま新 a 社に引き継がれ，原告は，旧 a 社の有していた本件未処理欠損金額のみを同社から引き継いだに等しいものということができる。そうすると，本件合併は，形式的には適格合併の要件を満たすものの，組織再編税制が通常想定している移転資産等に対する支配の継続，言い換えれば，事業の移転及び継続という実質を備えているとはいえず，適格合併において通常想定されていない手順や方法に基づくもので，かつ，実態とはかい離した形式を作出するものであり，不自然なものというべきである」としています。

　すなわち，TPR事件を参考にすると，租税回避として認定されないためには，建物及び設備を合併法人に移転することだけでは足りず，一連の組織再編成による事業実態の変化が必要になります。さらにいえば，一連の組織再編成と事業実態の変化との間における直接的な関係が必要になることから，一連の組織再編成と直接的に関係のない事業実態の変化があったとしても，包括的租税回避防止規定が適用される可能性は否めません。

　例えば，玉突き型の組織再編成を行うにしても，業務フローの一部を旧会社に残したうえで，合併によりその業務フローの一部を合併法人に引き継ぐことにより効率化を図るという選択肢が考えられます。このような業務フローの一部を合併法人に引き継ぐことができない場合には，新会社に事業を移転する際に，①従業員のリストラ，②給与体系の見直し（退職金の打切支給を含む。），③役員構成の見直し，④不採算部門の閉鎖，⑤外部との契約関係の見直しを検討すべきです。もともと赤字であるからこそ，このような組織再編成を検討したことから，新会社に事業を移転する際に経営改善を行うことについては経済合理性が認められますし，新会社に事業を移転するからこそ，経営改善が可能であったと主張することもできるからです。

■ 玉突き型の組織再編成

［ステップ１：新設分社型分割］

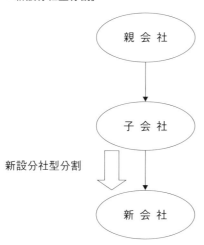

［ステップ２：吸収合併］

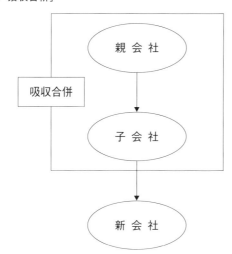

2 合併法人が債務超過の場合

Q1-16 合併法人が債務超過の場合における取扱い

> 合併法人が債務超過である場合には，会社法，会計及び税務上，特殊な
> 論点はありますか。

A1-16..........

　合併法人が債務超過であったとしても，適格合併後に合併法人が解散することが見込まれている場合を除き，特段の論点は存在しません。

解 説..........

　Q 1-1〜Q 1-15で解説したように，被合併法人が債務超過である場合には，特殊な論点が存在します。

　これに対し，会社法上，合併法人が債務超過である場合には，特段の論点は存在しません。強いていえば，合併により交付される合併法人株式がかなりの株式数になる可能性があるという点が挙げられます。そして，合併対価の額が合併法人の純資産額の 5 分の 1 を超えることが多いと思われるため，一般的に，合併法人が簡易合併を行うことはできません（会社法796②参照）。

　また，会計及び税務上は，被合併法人の資産及び負債をどのように受け入れるのかが問題となるため，合併法人が債務超過であることによる特殊な論点はありません。そのため，Q 1-12で解説したように，不平等な合併比率に基づいて吸収合併をしたことによる株主間贈与のみが問題になります。

　なお，適格合併後に合併法人が解散する場合には特殊な論点があるため，Q 1-17をご参照ください。

Q1-17 適格合併後に合併法人が解散した場合（合併法人が債務超過の場合）

弊社（以下，「P社」という。）を合併法人とし，100％子会社であるA社を被合併法人とする吸収合併を予定しています。なお，合併法人P社は債務超過であり，合併後に，合併法人P社を解散することを予定しています。これは，A社が保有する資産の含み益とP社の特例欠損金を相殺することを目的としています。

このような場合であっても，この適格合併に伴い，法人税法上，課税所得は生じないと考えてよいでしょうか。

A1-17

ご質問のケースであっても，適格合併に伴い，法人税法上，課税所得は生じません。

解 説

1．税制適格要件の検討

Q 1-14で解説したように，ご質問のケースは，100％グループ内の適格合併に該当します。

2．100％子会社との適格合併を行った後に，合併法人を解散する場合

Q 6-5で解説するように，解散の日の翌日以降における法人税の課税所得の計算では，残余財産がないと見込まれている場合，すなわち債務超過会社が解散する場合には，債務免除益や資産の譲渡益と相殺するための損失として，清算中に終了する事業年度前の各事業年度において生じた特例欠損金（期限切れ欠損金）を損金の額に算入することが認められています。さらに，特例欠損金はマイナスの利益積立金額を基礎に算定されることから，適格合併後の合併法人が債務超過である場合には，多額の含み益があったとしても，解散の日の

翌日以降に当該資産の含み益を実現するのであれば譲渡益に対する法人税の課税所得を圧縮することができます。具体的には，以下の事例をご参照ください。

具体例

前提条件

（イ）親会社P社の貸借対照表

(単位：百万円)

科目	簿価	時価	科目	簿価	時価
資産	590	590	負債	800	800
A社株式	10	150	資本金等の額	100	100
			利益積立金額	△300	△160
合計	600	740	合計	600	740

（ロ）子会社A社の貸借対照表

(単位：百万円)

科目	簿価	時価	科目	簿価	時価
資産	300	350	負債	200	200
			資本金等の額	10	10
			利益積立金額	90	140
合計	300	350	合計	300	350

（ハ）合併後の貸借対照表

(単位：百万円)

科目	簿価	時価	科目	簿価	時価
資産	890	940	負債	1,000	1,000
			資本金等の額	100	100
			利益積立金額	△210	△160
合計	890	940	合計	890	940

（税務上の取扱い）

　本事例において，子会社A社を清算してから，親会社P社を清算する場合には，子会社A社で譲渡益課税が発生してから，残余財産が親会社P社に分配されます。

　これに対し，適格合併を行ってから解散する場合には，合併後のP社は債務超過であることから，繰越欠損金がゼロであったと仮定しても，資産の譲渡益（50百万円〔＝940百万円－890百万円〕）及び債務免除益（60百万円〔＝1,000百万円－940百万円〕）と相殺するための損失として，特例欠損金（210百万円）を使用することができます。そのため，法人税の課税所得は発生しません。さらに，Q1-14と異なり，適格合併により合併法人P社の利益積立金額のマイナスが増加しているわけではないことから，特例欠損金の損金算入を否定する積極的な条文根拠はありません。

　すなわち，解散前に合併をすることにより，子会社A社の保有する資産に対する譲渡益課税を回避することができているため，包括的租税回避防止規定（法法132の2）が適用されるのではないかという懸念が考えられます。

　ただし，包括的租税回避防止規定の適用については，「行為・計算の不自然性が全く認められない場合や，そのような行為・計算を行うことの合理的な理由となる事業目的等が十分に存在すると認められる場合には，他の事情を考慮するまでもなく，不当性要件に該当すると判断することは困難である（徳地淳・林史高「判解」ジュリスト1497号86頁（平成28年））」と解されます。すなわち，合併後に清算したとしても，別々に清算したとしても，実務上の手間は変わらないため，行為・計算の不自然性が認められず，包括的租税回避防止規定を適用すべきではない事案が多いと考えられます。

第2章

分社型分割

1 分割法人が債務超過の場合

Q2-1 分割法人が債務超過の場合における取扱い

分社型分割を行った場合において，分割法人が債務超過であるときに，会社法，会計及び税務上，特殊な論点はありますか。

A2-1

分割法人が債務超過であったとしても，特段の論点はありません。

解説

Q1-1〜Q1-15で解説したように，被合併法人が債務超過である場合には，会社法上，特殊な論点があります。

これに対し，会社法上，分割法人が債務超過である場合には，特段の論点はありません。強いていえば，分割法人が有していた債務の弁済に充当すべき資産が分割承継法人に移転するのに対し，分割法人に残存する債権者に対する債権者保護手続きが定められていないことから，当該分割法人に残存する債権者を害する場合には，濫用的会社分割に該当する可能性があるという点が挙げられます（会社法759④，761④，764④，766④）。

82

　また，会計及び税務上は，分割事業の資産及び負債をどのように受け入れるのかが問題となるため，分割法人が債務超過であることによる特殊な論点はありません。

> ※　上記のほか，債務の履行の見込みがあることの要否について，事前備置書面に記載する必要がありますが（会社法782，会規183六），債務の履行の見込みがないことは，分割の無効原因にはなりません（相澤哲ほか『論点解説　新・会社法』674頁（商事法務，平成18年））。

> ※　Q2-3で解説するように，分割承継法人において簡易分割ができない場合として，分割事業が債務超過である場合が規定されています。これに対し，分割法人が債務超過であったとしても，分割法人及び分割承継法人において簡易分割ができるかどうかの判定に影響を与えません。

2 ／ 分割承継法人が債務超過の場合

Q2-2 分割承継法人が債務超過の場合における取扱い

分割承継法人が債務超過である場合には，会社法，会計及び税務上，特殊な論点はありますか。

A2-2...

分割承継法人が債務超過であったとしても，特段の論点はありません。

解 説...

　Q 1 - 1 ～ Q 1 -15で解説したように，被合併法人が債務超過である場合には，会社法上，特殊な論点があります。

　これに対し，会社法上，分割承継法人が債務超過である場合には，特段の論点はありません。

　また，会計及び税務上は，分割事業の資産及び負債をどのように受け入れるのかが問題となるため，分割承継法人が債務超過であることによる特殊な論点はありません。そのため，Q 1 -12で合併の事例を用いて解説したように，不平等な分割比率に基づいて吸収分社型分割をしたことによる株主間贈与のみが問題になります。

　　※　上記のほか，債務の履行の見込みがあることの要否について，事前備置書面に記載する必要がありますが（会社法794，会規192七），債務の履行の見込みがないことは，分割の無効原因にはなりません（相澤哲ほか『論点解説　新・会社法』674頁（商事法務，平成18年））。

3 分割事業が債務超過の場合

Q2-3 会社法上の手続き（分割事業が債務超過である分社型分割）

会社法上，分割事業が債務超過である分社型分割を行った場合には，分割事業が資産超過である分社型分割と異なる論点はありますか。

A2-3

原則として，分割承継法人で簡易分割を選択することができません。

解説

一部に異論はあるものの，会社法上，分割事業が債務超過である分社型分割を行うことは可能であると考えられています。これは，簿価純資産価額が債務超過である場合だけでなく，時価純資産価額が債務超過である場合であっても同様です（相澤哲ほか『論点解説　新・会社法』672-673頁（商事法務，平成18年））。そして，会社法795条2項1号では，分割事業の簿価純資産価額が債務超過である吸収分割を許容する前提で，株主総会における取締役の説明責任を課しています。

しかし，分割事業が債務超過である吸収分社型分割を行った場合には，分割承継法人において，簡易分割を選択することができません（会社法796②）。分割承継法人が連結配当制度を採用している場合において，分割法人が分割承継法人の子会社であるときは，簡易分割を選択することも可能ですが（会規195④），分社型分割を行う場合には，分割法人が分割承継法人の子会社であることは稀であると思います。

そのほか，反対株主の株式買取請求が行われた場合に，シナジー価格によるべきなのか，ナカリセバ価格によるべきなのかという論点があります（佐藤信祐「非上場会社の株式交付型組織再編における公正な価格」法学政治学論究

111号226-229頁（平成28年））。さらに，分割事業が債務超過であることを理由として，分割承継法人の債権者の利益を害する可能性があるため，分割に異議を述べる債権者が現れる可能性があります。このような場合には，当該分割に異議を述べた債権者に対して，弁済期が到来していない場合であっても，早期に弁済を行ったり，相当の担保の提供などを行ったりする必要があります（会社法799⑤）。

※　交付する分割承継法人株式が譲渡制限株式であり，かつ，分割承継法人が公開会社でないときは，分割事業が資産超過であっても簡易分割を行うことはできません（会社法796①但書）。

※　持分会社が分割承継法人である場合には，総社員の同意が必要とされていることから（会社法802①），そもそも簡易分割の制度は認められていません。

※　分割法人では，吸収分社型分割により分割承継法人に承継させる資産の帳簿価額の合計額が分割法人の総資産額として法務省令で定める方法により算定される額の5分の1（これを下回る割合を分割法人の定款で定めた場合にあっては，その割合）を超えない場合には，簡易分割を行うことができるため（会社法784②），分割事業が債務超過であっても，簡易分割を行うことは可能です。

※　新設分社型分割の場合には，分割前に分割承継法人が存在しないため，分割承継法人において簡易分割が可能かどうかという論点はありません。

Q2-4 会計上の取扱い（分割事業が債務超過である分社型分割）

弊社（以下,「P社」という。）を分割法人とし, 100%子会社であるA社を分割承継法人とする吸収分社型分割を予定しています。なお, 分割により移転する資産の帳簿価額は3,000百万円, 負債の帳簿価額は5,000百万円であり, P社が保有するA社株式の帳簿価額は100百万円です。

この場合における会計上の分割仕訳を教えてください。

A2-4

以下のとおりとなります。

【P社の仕訳】

(諸 負 債)	5,000百万円	(諸 資 産)	3,000百万円
		(子会社株式)	100百万円
		(特 別 勘 定)	1,900百万円

【A社の仕訳】

(諸 資 産)	3,000百万円	(諸 負 債)	5,000百万円
		(利 益 剰 余 金)	△2,000百万円

解説

1. 分割承継法人株式を交付する場合（吸収分社型分割）

ご質問のケースのように, 実務上, 親会社が子会社に対して債務超過の部門を分割により移転する場合があります。

このような債務超過の分社型分割を行った場合には, 会計上, 親会社（分割法人）では, 分割前に保有している子会社株式の帳簿価額を充て, これを超えることとなったマイナスの金額を「組織再編により生じた株式の特別勘定」等, 適切な科目をもって負債に計上します（結合指針226, 計規12）。

これに対し, 子会社（分割承継法人）では, 払込資本をゼロとし, その他利益剰余金のマイナスとして処理します（結合指針227, 会社法445⑤, 計規37②）。

　なお，分割承継法人が新株の発行に代えて，自己株式を処分した場合には，増加すべき株主資本の額から自己株式の帳簿価額を控除した額を払込資本の増加額とします。そして，当該差額がマイナスになる場合には，その他資本剰余金の減少として処理します（結合指針227，会社法445⑤，計規37②）。

　すなわち，ご質問のケースにおいて，分割により交付した自己株式の帳簿価額が200百万円である場合における分割承継法人A社の仕訳は以下のとおりです。

【A社の仕訳】

（諸　資　産）	3,000百万円	（諸　負　債）	5,000百万円
		（利益剰余金）	△2,000百万円
		（自　己　株　式）	200百万円
		（資本剰余金）	△200百万円

2．何ら対価を交付しない場合（吸収分社型分割）

　100％子会社に対して分割を行う場合には，分割承継法人株式を交付したとしても，交付しなかったとしても資本関係が変わらないことから，何ら対価を交付しない分割（無対価分割）が行われています。

　Q2-5で解説するように，法人税法上，このような無対価分割は，分割承継法人株式を交付する分社型分割を行った場合と資本関係が変わらないことから，分社型分割として取り扱われます。

　これに対し，会計上は，分割承継法人株式が交付されないことを理由として，分割型分割として取り扱われます（結合指針203-2，437-3）。

　100％子会社に対する無対価分割の取扱いについては，Q3-9をご参照ください。

3．単独新設分社型分割

　単独新設分社型分割は，企業結合ではありませんが「企業結合会計基準及び事業分離等会計基準に関する適用指針」に規定されており，前述1で解説した吸収分社型分割に準じて処理することが明らかにされています（結合指針260～262）。

Q2-5 分社型分割と分割型分割の区別

> 無対価分割は，分社型分割と分割型分割のどちらに該当するのでしょうか。

A2-5

会計上，無対価分割は分割型分割として取り扱われますが，税務上，無対価分割は対価の交付を省略したものとして，分社型分割と分割型分割のいずれに該当するのかを判定します。

解説

会計上，無対価分割を行った場合には，分割承継法人株式の帳簿価額を増加させることが適当でないと考えられるため，分割型分割として取り扱われます。

これに対し，法人税法上は，無対価分割を対価の交付を省略したものと考えるため，対価を交付した場合を想定して，分社型分割と分割型分割のいずれに該当するのかを判定します。具体的には，法人税法において，それぞれの定義が以下のように定められています。

（1）分割型分割（法法2十二の九）

次に掲げるいずれかの分割をいいます。

イ　分割の日において分割に係る分割対価資産（分割により分割法人が交付を受ける分割承継法人株式その他の資産をいう。）のすべてが分割法人の株主に交付される場合

ロ　分割対価資産が交付されない分割で，当該分割の直前において，分割承継法人が分割法人の発行済株式の全部を保有している場合または分割法人が分割承継法人株式を保有していない場合

（2）分社型分割（法法２十二の十）

次に掲げるいずれかの分割をいいます。

イ　分割の日において分割に係る分割対価資産が分割法人の株主に交付されない場合（分割対価資産が交付されるものに限る。）

ロ　分割対価資産が交付されない分割で，当該分割の直前において，分割法人が分割承継法人株式を保有している場合（分割承継法人が分割法人の発行済株式の全部を保有している場合を除く。）

　このように，無対価分割のうち，①100％子会社から100％親会社に対する分割，②100％兄弟会社に対する分割，③分割法人が分割承継法人の発行済株式を保有していない分割が分割型分割に分類され，（イ）100％親会社から100％子会社に対する分割，（ロ）分割法人が分割承継法人の発行済株式の一部を保有している分割（分割承継法人が分割法人の発行済株式の全部を保有している場合を除く。）が分社型分割に分類されています。

　　※　このように，分割法人が分割承継法人株式を保有していない場合には，分割型分割として取り扱われます。分割型分割に該当する無対価分割を行った場合には，分割承継法人に対して，分割法人の租税債務について連帯納付責任が課されるという点に留意が必要です（国通法９の３，地法10の４）。

Q2-6 税制適格要件の判定

分割事業が債務超過である分社型分割を行った場合には，分割事業が資産超過である分社型分割と同じように税制適格要件を判定すればよいのでしょうか。

A2-6

債務超過会社を分割法人とする分社型分割を行った場合であっても，税制適格要件の判定方法は変わりません。しかし，無対価分割を行った場合には異なる論点があるため，ご留意ください。

解説

1．基本的な取扱い

適格分社型分割は，(1)グループ内の適格分社型分割，(2)共同事業を行うための適格分社型分割の2つに大別されます（法法2十二の十一）。また，(1)グループ内の適格分社型分割は，①100％グループ内の適格分社型分割と，②50％超100％未満グループ内の適格分社型分割に分けられます。税制適格要件の具体的な内容は以下のとおりです。

■税制適格要件（法法2十二の十一，法令4の3⑤～⑧）

100％グループ内	50％超100％未満	共同事業
（ⅰ）金銭等不交付要件	（ⅰ）金銭等不交付要件 （ⅱ）主要資産等引継要件 （ⅲ）従業者引継要件 （ⅳ）事業継続要件	（ⅰ）金銭等不交付要件 （ⅱ）主要資産等引継要件 （ⅲ）従業者引継要件 （ⅳ）事業継続要件 （ⅴ）事業関連性要件 （ⅵ）事業規模要件または 　　　特定役員引継要件 （ⅶ）株式継続保有要件

　分割事業が債務超過である場合であっても，上記の要件を満たすか否かにより判定を行います。しかし，分割事業が債務超過である場合には，分割比率の算定が困難であることから，①分割法人に対して何ら対価を交付しない分社型分割を行うか，②株主間贈与の影響を限定的にするために少数の株式のみを交付する方法の2つが考えられます。

　このうち，株主間贈与に該当する分割を行ったとしても，税制適格要件に抵触しないという点については，Ｑ1-6で解説した合併の取扱いと同様です。

2．無対価分社型分割における税制適格要件の判定

　合併の取扱いと同様に，平成22年度税制改正，平成30年度税制改正により，無対価分社型分割を行った場合における税制適格要件の判定方法も明確化され，原則として，非適格分社型分割として取り扱うこととしながらも，分割法人が分割承継法人の発行済株式の全部を直接に保有している場合には税制適格要件を満たすことが明らかにされました（法法2十二の十口，法令4の3⑥～⑧）。なお，このような無対価分社型分割であっても，Ｑ2-5で解説したように，会計上，分割型分割として取り扱われます。

　　※　不動産取得税における非課税要件は以下のように定められており，対価の交付を省
　　　略したと認められない無対価分社型分割を行ったとしても，非課税要件に抵触しませ
　　　ん。そのため，他の要件を満たせば，不動産取得税の非課税要件を満たすことができ
　　　ます（地法73の7二，地令37の14）。
　　　・金銭等不交付要件
　　　・主要資産等引継要件
　　　・事業継続要件
　　　・従業者引継要件

Q2-7 非適格分社型分割に該当した場合（法人による完全支配関係がない場合）

> 弊社（以下，「P社」という。）を分割法人とし，P社の70％子会社であるA社を分割承継法人とする吸収分社型分割を予定しています。なお，分割事業が債務超過（資産400百万円，負債500百万円）であることから，無対価分割を予定しています。
>
> この場合には，税務上，どのように取り扱われるのでしょうか。

A2-7

資産及び負債の帳簿価額と時価が等しいと仮定すると，法人税法上，以下の仕訳をそれぞれ行います。

【P社の仕訳】

| （分割対価資産） | 0百万円 | （資　　　　産） | 400百万円 |
| （負　　　債） | 500百万円 | （譲　渡　益） | 100百万円 |

【A社の仕訳】

| （資　　　産） | 400百万円 | （分割対価資産） | 0百万円 |
| （寄　附　金） | 100百万円 | （負　　　債） | 500百万円 |

解説

Q2-5で解説したように，ご質問のケースでは，分割前に分割法人が分割承継法人の発行済株式の一部を保有しているため，無対価分割を行った場合には，分社型分割として取り扱われます。そして，Q2-6で解説したように，対価の交付を省略したと認められない場合には，非適格分社型分割として取り扱われます。

ご質問のケースでは，非適格分社型分割として，分割法人において譲渡益を認識し，分割承継法人において資産調整勘定を認識するかのように思われます。しかしながら，当該資産調整勘定にのれんとしての価値がないことが多いことから，寄附金として処理すべきであると考えられます。

※　平成30年度税制改正により，対価の交付を省略したと認められる非適格分社型分割を行った場合には，対価を交付した場合とほぼ同じ処理を行うことになりましたが（法令8①七ハ，法法62の8⑫，法令123の10⑯，法規27の16③④），対価の交付を省略したと認められない非適格分社型分割を行った場合の処理は従来どおりとされています。

Q2-8 非適格分社型分割に該当した場合（法人による完全支配関係がある場合）

弊社（以下，「P社」という。）を分割法人とし，P社の100％子会社であるA社を分割承継法人とする吸収分社型分割を行った後に，第三者にA社株式のすべてを1,000百万円で譲渡することを予定しています（分割前のA社株式の帳簿価額は700百万円）。なお，分割事業が債務超過（資産400百万円，負債500百万円）であることから，無対価分割を予定しています。

この場合には，税務上，どのように取り扱われるのでしょうか。

A2-8

資産及び負債の帳簿価額と時価が等しく，かつ，のれんとしての価値がないと仮定すると，法人税法上，以下の仕訳をそれぞれ行います。

【P社の仕訳】
（イ）分割による資産及び負債の移転

（分割対価資産）	0百万円	（資　　　産）	400百万円
（負　　　債）	500百万円	（受　贈　益）	100百万円
		―益金不算入―	

（ロ）寄附修正事由

（利益積立金額）	100百万円	（A　社　株　式）	100百万円

（ハ）A社株式の譲渡

（現　金　預　金）	1,000百万円	（A　社　株　式）	600百万円
		（株式譲渡益）	400百万円

【A社の仕訳】

（資　　　産）	400百万円	（分割対価資産）	0百万円
（寄　附　金）	100百万円	（負　　　債）	500百万円
―損金不算入―			

解説

　Q2-5で解説したように，ご質問のケースでは，分割前に分割法人が分割承継法人の発行済株式の全部を保有しているため，無対価分割を行った場合には，分社型分割として取り扱われます。そして，分割法人と分割承継法人との間の完全支配関係が継続することが見込まれていないため，非適格分社型分割として取り扱われます。そのため，ご質問のケースでは，非適格分社型分割として，分割法人において譲渡益を認識し，分割承継法人において資産調整勘定を認識する必要があります（法法62の8⑫，法令123の10⑯，法規27の16③④）。

　しかしながら，P社とA社はグループ会社であることから，当該資産調整勘定にのれんとしての価値がないにもかかわらず，このような分社型分割が行われることがあり得ます。そのため，資産調整勘定にのれんとしての価値がないと認められる場合には，寄附金として処理されます。さらに，ご質問のケースでは，法人による完全支配関係のある内国法人間で寄附が行われていることから，P社で受贈益の益金不算入が適用されるとともに，P社の保有するA社株式に対する寄附修正事由が生じるという点にご留意ください（法令119の3⑨，9七，119の4①）。

　※　ご質問のケースは，対価の交付を省略したと認められる非適格分社型分割であるため，A社において法人税法施行令123条の10第16項の規定に従い，資産評定を行うことにより，資産調整勘定を認識する余地があります。この場合には，P社において，資産調整勘定に相当する金額だけの受贈益が減少し，同額の譲渡益が増加することになります。

　※　親会社を分割法人とし，孫会社を分割承継法人とする無対価分割は，分割法人が分割承継法人の株式を保有していないことから，非適格分割型分割として取り扱われます（法法2二の九ロ）。

【P社の会計上の仕訳（Q3-9参照）】

（イ）分割による資産及び負債の移転

（分割対価資産）	0百万円	（資　　産）	400百万円
（負　　債）	500百万円		
（利益剰余金）	△100百万円		

（ロ）A社株式の譲渡

（現 金 預 金）	1,000百万円	（Ａ 社 株 式）	700百万円
		（株 式 譲 渡 益）	300百万円

Ｐ社の別表四

区分		総額	処分	
			留保	社外流出
		①	②	③
当期利益又は当期欠損の額		300百万円	300百万円	0百万円
加算	A社株式	100百万円	100百万円	0百万円
	受贈益認容	100百万円	0百万円	100百万円
減算	受贈益の益金不算入額	100百万円	0百万円	※100百万円
仮計		400百万円	400百万円	外※△100百万円 100百万円
所得金額又は欠損金額		400百万円	400百万円	外※△100百万円 100百万円

Ｐ社の別表五(一)

Ⅰ　利益積立金額の計算に関する明細書				
区分	期首現在利益積立金額	当期の増減		差引翌期首現在利益積立金額
		減	増	
	①	②	③	④
A社株式		※100百万円	100百万円	0百万円
繰越損益金		0百万円	400百万円	400百万円
差引合計額		100百万円	500百万円	400百万円

Q2-9 適格分社型分割に該当した場合

> 弊社（以下，「P 社」という。）を分割法人とし，100％子会社である A 社を分割承継法人とする吸収分社型分割を予定しています。本件分割は，適格分社型分割に該当すると理解しています。
>
> なお，P 社から A 社に移転する分割事業が債務超過ですが，このような場合であっても，この適格分社型分割に伴い，法人税法上，課税所得は生じないと考えてよいでしょうか。

A2-9

ご質問のとおり，適格分社型分割に該当することから，法人税法上，課税所得は生じないと思われます。

解説

実務上，分割事業が債務超過である場合，例えば，100％子会社に対して適格分社型分割を行う場合において，分割事業の時価総額が△100百万円である適格分社型分割を行うケースが考えられます。かつて，Q 1 -13で解説した合併と同じ理屈から，分割事業が債務超過である場合には，実質的な債務引受けがあったものとして取り扱うべきであるという意見がありました。

しかし，分割承継法人の受入処理は，法人税法施行令123条の 4 において資産及び負債の帳簿価額により引き継ぐことが明らかにされています。そして，同令 8 条 1 項柱書において，「減算」と規定されていることから，法人税法上，マイナスの資本金等の額の存在は認められており，同項 7 号において，受け入れた資産の帳簿価額から受け入れた負債の帳簿価額を減算した金額を分割承継法人の資本金等の額として処理することが明らかにされています。そのため，受け入れた負債の帳簿価額のほうが大きい場合には，分社型分割により，分割承継法人の資本金等の額が減少することが明らかです。

その結果，分割事業に係る資産の帳簿価額が300百万円であり，負債の帳簿価額が400百万円である適格分社型分割を行った場合には，分割承継法人において，以下の仕訳が行われます。

【分割承継法人の法人税法上の仕訳】

（資　　産）	300百万円	（負　　債）	400百万円
		（資本金等の額）	△100百万円

【分割承継法人の会計上の仕訳（Q2-4，Q3-9参照）】

（資　　産）	300百万円	（負　　債）	400百万円
		（利益剰余金）	△100百万円

分割承継法人の別表五(一)

I　利益積立金額の計算に関する明細書				
区分	期首現在利益積立金額	当期の増減		差引翌期首現在利益積立金額
		減	増	
	①	②	③	④
資本金等の額			※100百万円	100百万円
繰越損益金		0百万円	△100百万円	△100百万円
差引合計額		0百万円	0百万円	0百万円

II　資本金等の額の計算に関する明細書				
区分	期首現在資本金等の額	当期の増減		差引翌期首現在資本金等の額
		減	増	
	①	②	③	④
資本金				
資本準備金				
利益積立金額			△100百万円	△100百万円
差引合計額			△100百万円	△100百万円

　これに対し，分割法人では，法人税法施行令119条1項7号において，移転した資産の帳簿価額から移転した負債の帳簿価額を減算した金額に付随費用を加算した金額を分割承継法人株式の帳簿価額にすることが明らかにされています。そのため，移転した負債の帳簿価額のほうが大きい場合には，分割承継法人株式の帳簿価額が減額されることが明らかです。さらに，「減算」と規定されていることから，法人税法上，マイナスの有価証券の取得価額の存在は認められています。すなわち，適格分社型分割の前における分割承継法人株式の帳簿価額が30百万円であり，移転する分割事業の帳簿価額が△100百万円であるときは，適格分社型分割を行った後における分割承継法人株式の帳簿価額は△70百万円となります。

　さらに，法人税法施行令119条の3第23項及び同条の4第1項において，分割対価資産を交付しない適格分社型分割を行った場合についても同様の処理になることが明らかにされています。

　そのため，分割法人の仕訳は以下のとおりとなります。

【分割法人の法人税法上の仕訳】
（借　入　金）　　　　400百万円　（資　　　産）　　　　300百万円
（承継法人株式）　　　△100百万円

【住民税均等割，事業税資本割の軽減スキームとしての活用】

　このように，100％子会社に対して適格分社型分割を行う場合において，移転する事業が債務超過であるときは，分割承継法人における資本金等の額が減少することから，分割承継法人における住民税均等割，事業税資本割の軽減スキームとして活用することができました。しかし，平成27年度税制改正により，会計上の資本金及び資本準備金が法人税法上の資本金等の額を超える場合には，会計上の資本金及び資本準備金を課税標準として住民税均等割，事業税資本割の計算を行うことになりました（地法52④，72の21②）。

　そのため，現行法上，このような住民税均等割，事業税資本割の軽減スキームとしての利用は困難であると考えられます。

第3章

分割型分割

1 分割法人が債務超過の場合

Q3-1 会社法上の手続き（分割法人が債務超過である分割型分割）

分割型分割を行った場合において、分割法人が債務超過であるときに、会社法上、特殊な論点はありますか。

A3-1..

分割法人が債務超過であったとしても、特段の論点はありません。

解説..

Q1-1で解説したように、被合併法人が債務超過である場合には、会社法上、合併法人において簡易合併を選択することができないという論点があります。

これに対し、会社法上、分割法人が債務超過であったとしても、それだけの理由で分割承継法人が簡易分割を選択することができないわけではありません。そして、会社法上、分割型分割は、分社型分割を行った後に、分割承継法人株式を現物配当したものとして整理されていますが、通常の剰余金の配当と異なり、財源規制は課されていません（会社法792）。

　さらに，Ｑ2-1で解説した分社型分割の場合には，分割法人に残存する債権者に対して債権者保護手続きが不要とされていましたが，分割型分割の場合には，分割法人に残存する債権者に対しても債権者保護手続きが必要とされていることから（会社法789①二，793②，810①二，813②），濫用的会社分割に対する規定は適用されません（会社法759⑤，761⑤，764⑤，766⑤）。

　そのため，分割法人が債務超過であることによる特段の論点はありません。

　　※　Ｑ2-1で解説したように，債務の履行の見込みがあることの要否について，事前備置書面に記載する必要がありますが（会社法782，会規183六），債務の履行の見込みがないことは，分割の無効原因にはなりません。

　　※　Ｑ3-6で解説するように，分割承継法人において簡易分割ができない場合として，分割事業が債務超過である場合が規定されています。これに対し，分割法人が債務超過であったとしても，分割法人及び分割承継法人において簡易分割ができるかどうかの判定に影響を与えません。

Q3-2　会計上の取扱い（分割法人が債務超過である分割型分割）

分割型分割を行った場合において，分割法人が債務超過であるときに，会計上，特殊な論点はありますか。

A3-2

分割法人が債務超過であったとしても，特段の論点はありません。

解 説

分割型分割を行った場合には，分割承継法人における受入処理が問題になるため，分割法人では，その他利益剰余金のマイナスを増加させるだけで，特段の論点はありません。

Q3-3 非適格分割型分割に該当した場合（分割法人が債務超過である分割型分割）

弊社（以下，「P社」という。）を分割法人とし，グループ外の法人であるA社を分割承継法人とする吸収分割型分割を予定しています。本件分割型分割は共同事業を行うための適格分割型分割の要件を満たさず，非適格分割型分割に該当します。なお，P社は債務超過会社（資本金等の額30百万円）であり，移転する資産の帳簿価額は300百万円，負債の帳簿価額は200百万円であり，交付を受ける分割承継法人株式の時価は100百万円です（資産及び負債に含み損益はありません。）。

この場合には，税務上，どのように取り扱われるのでしょうか。

A3-3

A社では，資本金等の額を100百万円増加させればよいので，P社が債務超過であることによる特段の論点はありません。

これに対し，P社では，以下の仕訳を行います。

【P社の仕訳】

（負　　　　債）	200百万円	（資　　　　産）	300百万円
（A 社 株 式）	100百万円		

（資本金等の額）	30百万円	（A 社 株 式）	100百万円
（利益積立金額）	70百万円		

解説

1．分割法人の税務処理

分割法人が債務超過であったとしても，分割型分割の基本的な取扱いは変わりません。ただし，分割法人において減算すべき資本金等の額及び利益積立金額の計算に特徴があります。

具体的には，法人税法施行令8条1項15号，9条9号において，減算すべき資本金等の額及び利益積立金額について，以下のように規定されています。

> ### 減算すべき資本金等の額の計算
> 減算すべき資本金等の額＝分割法人の分割型分割の直前の資本金等の額×$\dfrac{ロ}{イ}$

　イ＝分割法人の分割型分割の日の属する事業年度の前事業年度終了の時の簿価純資
　　　産価額（当該前事業年度終了の時から当該分割型分割の直前の時までの間に資
　　　本金等の額または利益積立金額（法人税法施行令 9 条 1 号に掲げる金額を除
　　　く。）が増加し，または減少した場合には，その増減後の金額）
　ロ＝分割法人の分割型分割の直前の移転純資産の簿価純資産価額（「控除した金
　　　額」と規定されていることから， 0 が下限となる。）
（注 1 ）分割型分割の日以前 6 か月以内に仮決算による中間申告書を提出し，かつ，その
　　　　提出の日から分割型分割の日までの間に確定申告書を提出していなかった場合には，
　　　　中間申告書に係る期間（事業年度開始の日以後 6 か月の期間）終了の時の簿価純資
　　　　産価額が上記イの金額となります。
（注 2 ）「当該直前の資本金等の額が零以下である場合には零と，当該直前の資本金等の額
　　　　及びロに掲げる金額が零を超え，かつ，イに掲げる金額が零以下である場合には 1
　　　　とし，当該割合に小数点以下 3 位未満の端数があるときはこれを切り上げる。」と規
　　　　定されていることから，以下のように取り扱われます。
　　　　• 分割法人の分割型分割の直前の資本金等の額が 0 以下である場合には，分割移転
　　　　　割合は 0 になります。
　　　　• 分割法人の分割型分割の直前の資本金等の額及び分子の金額が 0 を超え，かつ，
　　　　　分母の金額が 0 以下である場合には，分割移転割合は 1 になります。
　　　　• $\dfrac{ロ}{イ}$（分割移転割合）は小数点以下第 3 位未満の端数を切り上げて計算します。
（注 3 ）法人税法施行令 8 条 1 項15号ロにおいて，「当該金額がイに掲げる金額を超える場
　　　　合（イに掲げる金額が零に満たない場合を除く。）には，イに掲げる金額」と規定さ
　　　　れているため，分割移転割合が 1 を超えるときは，分割移転割合を 1 として計算し
　　　　ます。ただし，分子が 0 以下である場合には分割移転割合は 0 になります。

> ### 減算すべき利益積立金額の計算
> 減算すべき利益積立金額
> 　＝分割法人の株主に交付する分割対価資産の時価－減算すべき資本金等の額

　すなわち，ご質問のケースのように，分割型分割の直前における分割法人の
資本金等の額及び移転する分割事業の簿価純資産価額が 0 を超え，かつ，分割
法人が債務超過である場合には，分割移転割合が 1 となるため，分割法人にお
ける資本金等の額の全額を減算し，移転した事業の簿価純資産価額から分割法
人の資本金等の額を減算した金額だけ利益積立金額を減算します。

　しかしながら，「当該分割型分割が適格分割型分割でない場合において，当該計算した金額が当該分割型分割により当該分割法人の株主等に交付した分割承継法人の株式その他の資産の価額を超えるときは，その超える部分の金額を減算した金額」と規定しているため，これにより計算した資本金等の額の減算額が交付した分割対価資産の時価を上回っている場合には，分割対価資産の時価に相当する金額だけ資本金等の額を減算し，利益積立金額は増減しません。

　そして，分割法人の資本金等の額が０以下である場合には，分割移転割合が０となるため，資本金等の額は増減せず，移転する分割事業の簿価純資産価額に相当する金額だけ利益積立金額を減算します。さらに，移転する分割事業が簿価ベースで債務超過である場合も，分割移転割合が０となるため，同様の取扱いとなります。

　具体的には以下の仕訳をご参照ください。

【①分割型分割の直前において分割法人全体が債務超過であるが，移転する分割事業の純資産価額が100百万円（時価＝簿価）である場合（下記②～⑤に該当する場合を除く。）（※１）】

（負　　　　債）	200百万円	（資　　　　産）	300百万円
（承継法人株式）	100百万円		
（資本金等の額）	30百万円	（承継法人株式）	100百万円
（利益積立金額）	70百万円		

（※１）　分割移転割合の分母が０以下であることから，分割移転割合が１となり，資本金等の額の全額を減算します。

【②交付した分割承継法人株式の時価が原則的な計算式で計算される減少資本金等の額に比べて小さい場合（※２）】

（負　　　　債）	200百万円	（資　　　　産）	300百万円
（分割譲渡損失）	90百万円		
（承継法人株式）	10百万円		
（資本金等の額）	10百万円	（承継法人株式）	10百万円

（※２）　原則的な計算式により計算した資本金等の額の減算額が交付した分割対価資産の時価を上回っている場合には，分割対価資産の時価に相当する金額だけ資本金等の額を減算し，利益積立金額は増減しません。

【③分割型分割の直前における資本金等の額がゼロ以下である場合（※３）】

（負　　債）	200百万円	（資　　産）	300百万円
（承継法人株式）	100百万円		
（利益積立金額）	100百万円	（承継法人株式）	100百万円

（※３）　分割移転割合は０となり，資本金等の額は減少しません。

【④分割事業が時価ベースで債務超過（簿価ベースでも債務超過）であり（※４），ごく少数の株式の交付を形式的に行った場合】

（負　　債）	400百万円	（資　　産）	300百万円
（承継法人株式）	0百万円	（分割譲渡利益）	100百万円
（利益積立金額）	0百万円	（承継法人株式）	0百万円

（※４）　分割移転割合の分子は０を下限としていることから，資本金等の額は減少しません。

【⑤分割事業が簿価ベースで債務超過であるものの（※５），時価ベースでは60百万円の資産超過である場合】

（負　　債）	400百万円	（資　　産）	300百万円
（承継法人株式）	60百万円	（分割譲渡利益）	160百万円
（利益積立金額）	60百万円	（承継法人株式）	60百万円

（※５）　分割移転割合の分子は０を下限としていることから，資本金等の額は減少しません。

２．分割承継法人の税務処理

　非適格分割型分割を行った場合には，分割法人の株主に交付した分割承継法人株式の時価が資本金等の額の増加額として取り扱われます（法令８①六）。そのため，分割法人が債務超過である場合についての特段の論点はありません。

３．分割法人の株主の税務処理

　分割法人が債務超過であったとしても，分割型分割の基本的な取扱いは変わりません。ただし，分割法人の株主において認識すべきみなし配当の計算に特徴があります。

　すなわち，非適格分割型分割を行った場合には，分割法人が交付を受ける分割対価資産からそれに対応する資本金等の額を控除した金額がみなし配当とし

108

て取り扱われます。具体的には以下のとおりです（法法24①二，法令23①二，所法25①二，所令61②二）。

> **みなし配当の計算**
> みなし配当の金額＝交付を受けた分割対価資産の時価
> 　　　　　　　－分割法人の分割型分割の直前の資本金等の額×$\dfrac{ロ}{イ}$×保有比率

- イ＝分割法人の分割型分割の日の属する事業年度の前事業年度終了の時の簿価純資産価額（当該前事業年度終了の時から当該分割型分割の直前の時までの間に資本金等の額または利益積立金額（法人税法施行令９条１号に掲げる金額を除く。）が増加し，または減少した場合には，その増減後の金額）
- ロ＝分割法人の分割型分割の直前の移転純資産の簿価純資産価額（「控除した金額」と規定されていることから，０が下限となる。）
- （注１）分割型分割の日以前６か月以内に仮決算による中間申告書を提出し，かつ，その提出の日から分割型分割の日までの間に確定申告書を提出していなかった場合には，中間申告書に係る期間（事業年度開始の日以後６か月の期間）終了の時の簿価純資産価額が上記イの金額になります。
- （注２）「当該分割型分割の直前の資本金等の額が零以下である場合には零と，当該分割型分割の直前の資本金等の額及びロに掲げる金額が零を超え，かつ，イに掲げる金額が零以下である場合には１とし，当該割合に小数点以下３位未満の端数があるときはこれを切り上げる。」と規定されていることから，以下のように取り扱われます。
  - 分割法人の分割型分割の直前の資本金等の額が０以下である場合には，分割移転割合は０になります。
  - 分割法人の分割型分割の直前の資本金等の額及び分子の金額が０を超え，かつ，分母の金額が０以下である場合には，分割移転割合は１になります。
  - $\dfrac{ロ}{イ}$（分割移転割合）は小数点以下第３位未満の端数を切り上げて計算します。
- （注３）法人税法施行令23条１項２号ロにおいて，「（当該金額がイに掲げる金額を超える場合（イに掲げる金額が零に満たない場合を除く。）には，イに掲げる金額）」と規定されているため，分割移転割合が１を超えるときは，分割移転割合を１として計算します。ただし，分子が０以下である場合には分割移転割合は０になります。

　すなわち，分割型分割の直前における分割法人の資本金等の額及び分割事業の簿価純資産価額が０を超え，かつ，分割法人が債務超過である場合には，分割移転割合が１となるため，みなし配当の計算は以下のようになります。

みなし配当の計算
みなし配当の金額＝分割対価資産の時価－資本金等の額×保有比率

　これに対し，分割法人の資本金等の額が０以下である場合には，分割移転割合が０となるため，分割対価資産に相当する金額がみなし配当の金額になります。さらに，移転する分割事業が簿価ベースで債務超過である場合にも，分割移転割合が０となるため，同様の取扱いになります。

> ※　分割法人の株主の株式譲渡損益の計算における譲渡原価も上記と同様の取扱いになります。すなわち，分割移転割合が１になる場合には，分割法人株式の帳簿価額の全額が譲渡原価となり，分割移転割合が０になる場合には，譲渡原価の金額も０になります（法法61の２④，法令119の８①，23①二，措法37の10③二，所令113③，61②二）。
> 　その結果，分割型分割後の分割法人株式の帳簿価額も分割移転割合が１になる場合には０となり，分割移転割合が０になる場合には分割前の帳簿価額はそのまま残ります（法令119の３㉑，所令113③）。

110

Q3-4 適格分割型分割に該当した場合（分割法人が債務超過である分割型分割）

弊社（以下，「P社」という。）の100％子会社であるA社を分割法人とし，同じく100％子会社であるB社を分割承継法人とする吸収分割型分割を予定しています。本件分割型分割は適格分割型分割に該当します。

なお，A社は債務超過会社（資本金等の額30百万円）であり，移転する資産の帳簿価額は300百万円，負債の帳簿価額は200百万円です。

この場合には，税務上，どのように取り扱われるのでしょうか。

A3-4

それぞれ，以下の仕訳を行います。

【A社の仕訳】

（負　　　　　債）	200百万円	（資　　　　　産）	300百万円
（利益積立金額）	70百万円		
（B　社　株　式）	30百万円		
（資本金等の額）	30百万円	（B　社　株　式）	30百万円

【B社の仕訳】

（資　　　　　産）	300百万円	（負　　　　　債）	200百万円
		（資本金等の額）	30百万円
		（利益積立金額）	70百万円

【P社の仕訳】

分割法人株式の帳簿価額の全額を分割承継法人株式の帳簿価額に付け替えます。

解説

1．分割法人の税務処理

分割法人が債務超過であったとしても，分割型分割の基本的な取扱いは変わりません。ただし，分割法人において減算すべき資本金等の額及び利益積立金額の計算に特徴があります。

　具体的には，法人税法施行令 8 条 1 項15号，9 条10号において，減算すべき資本金等の額及び利益積立金額について，以下のように規定されています。

減算すべき資本金等の額の計算

減算すべき資本金等の額＝分割法人の分割型分割の直前の資本金等の額×$\dfrac{ロ}{イ}$

　イ＝分割法人の分割型分割の日の属する事業年度の前事業年度終了の時の簿価純資産価額（当該前事業年度終了の時から当該分割型分割の直前の時までの間に資本金等の額または利益積立金額（法人税法施行令 9 条 1 号に掲げる金額を除く。）が増加し，または減少した場合には，その増減後の金額）

　ロ＝分割法人の分割型分割の直前の移転純資産の簿価純資産価額（「控除した金額」と規定されていることから，0 が下限となる。）

（注 1）分割型分割の日以前 6 か月以内に仮決算による中間申告書を提出し，かつ，その提出の日から分割型分割の日までの間に確定申告書を提出していなかった場合には，中間申告書に係る期間（事業年度開始の日以後 6 か月の期間）終了の時の簿価純資産価額が上記イの金額となります。

（注 2）「当該直前の資本金等の額が零以下である場合には零と，当該直前の資本金等の額及びロに掲げる金額が零を超え，かつ，イに掲げる金額が零以下である場合には 1 とし，当該割合に小数点以下 3 位未満の端数があるときはこれを切り上げる。」と規定されていることから，以下のように取り扱われます。

　・分割法人の分割型分割の直前の資本金等の額が 0 以下である場合には，分割移転割合は 0 になります。

　・分割法人の分割型分割の直前の資本金等の額及び分子の金額が 0 を超え，かつ，分母の金額が 0 以下である場合には，分割移転割合は 1 になります。

　・$\dfrac{ロ}{イ}$（分割移転割合）は小数点以下第 3 位未満の端数を切り上げて計算します。

（注 3）法人税法施行令 8 条 1 項15号ロにおいて，「当該金額がイに掲げる金額を超える場合（イに掲げる金額が零に満たない場合を除く。）には，イに掲げる金額」と規定されているため，分割移転割合が 1 を超えるときは，分割移転割合を 1 として計算します。ただし，分子が 0 以下である場合には分割移転割合は 0 になります。

減算すべき利益積立金額の計算

減算すべき利益積立金額
　＝移転資産及び負債の簿価純資産価額－減算すべき資本金等の額

　すなわち，分割型分割の直前における分割法人の資本金等の額及び移転する分割事業の簿価純資産価額が 0 を超え，かつ，分割法人が債務超過である場合には，分割移転割合が 1 となるため，分割法人における資本金等の額の全額を

減算し，移転した事業の簿価純資産価額から分割法人の資本金等の額を減算した金額だけ利益積立金額を減算します。

　しかしながら，分割法人の資本金等の額が０以下である場合には，分割移転割合が０となるため，資本金等の額は増減せず，移転する分割事業の簿価純資産価額に相当する金額だけ利益積立金額を減算します。さらに，移転する分割事業が簿価ベースで債務超過である場合も，分割移転割合が０となるため，同様の取扱いになります。

　具体的には以下の仕訳のとおりです。

【①分割型分割の直前において分割法人全体が債務超過であるが（※１），移転する分割事業の簿価純資産価額が100百万円である場合（下記②～④に該当する場合を除く。）】

（負　　　　債）	200百万円	（資　　　　産）	300百万円
（利益積立金額）	70百万円		
（承継法人株式）	30百万円		
（資本金等の額）	30百万円	（承継法人株式）	30百万円

（※１）　分割移転割合の分母が０以下であることから，分割移転割合が１となり，資本金等の額の全額を減算します。

【②分割型分割の直前において分割法人全体が債務超過であるが，移転する分割事業の簿価純資産価額が10百万円である（移転簿価純資産価額が小さい）場合】

（負　　　　債）	290百万円	（資　　　　産）	300百万円
（利益積立金額）	△20百万円		
（承継法人株式）	30百万円		
（資本金等の額）	30百万円	（承継法人株式）	30百万円

※　法人税法施行令８条１項15号では，適格分割型分割を行った場合において移転簿価純資産価額が資本金等の額を下回ったときにおける取扱いが規定されていません。そのため，減算すべき資本金等の額は30百万円となります。これに対し，同令９条１項10号では，移転資産の帳簿価額から移転負債の帳簿価額及び減少資本金等の額の合計額を減算した金額と規定されていることから，減算すべき利益積立金額がマイナスになるケースも想定されています。そのため，減算すべき利益積立金額は△20百万円となります。

【③分割型分割の直前における資本金等の額がゼロ以下である場合】
（負 債）	200百万円	（資 産）	300百万円
（利益積立金額）	100百万円		
（承継法人株式）	0百万円		
（資本金等の額）	0百万円	（承継法人株式）	0百万円

【④分割事業が100百万円の債務超過（簿価ベース）である場合】
（負 債）	400百万円	（資 産）	300百万円
（利益積立金額）	△100百万円		
（承継法人株式）	0百万円		
（資本金等の額）	0百万円	（承継法人株式）	0百万円

2．分割承継法人の税務処理

　分割法人が債務超過であったとしても，分割型分割の基本的な取扱いは変わりません。ただし，分割承継法人において加算すべき資本金等の額及び利益積立金額の計算に特徴があります。

　この点については，法人税法施行令8条1項6号及び9条3号において増加する資本金等の額及び利益積立金額について規定されていますが，分割法人において減算すべき資本金等の額及び利益積立金額と一致しているため，「1．分割法人の税務処理」をご参照ください。

3．分割法人の株主の税務処理

　分割法人が債務超過であったとしても，分割型分割の基本的な取扱いは変わりません。ただし，分割法人の株主において，分割承継法人株式の帳簿価額に付け替えるべき金額について特徴があります。

　具体的に，分割承継法人株式に付け替えられるべき分割法人株式の分割型分割の直前における帳簿価額は以下のとおりです（法令119①六，119の8①，23①二，119の3㉑㉒，所令113①〜③，61②二）。

分割承継法人株式に付け替える部分の計算

$$\text{分割承継法人株式} = \frac{\text{分割型分割の直前における分割}}{\text{法人株式(旧株)の帳簿価額}} \times \frac{\text{ロ}}{\text{イ}}$$

　イ＝分割法人の分割型分割の日の属する事業年度の前事業年度終了の時の簿価純資産価額(当該前事業年度終了の時から当該分割型分割の直前の時までの間に資本金等の額または利益積立金額(法人税法施行令9条1号に掲げる金額を除く。)が増加し,または減少した場合には,その増減後の金額)

　ロ＝分割法人の分割型分割の直前の移転純資産の簿価純資産価額(「控除した金額」と規定されていることから,0が下限となる。)

　(注1)　分割型分割の日以前6か月以内に仮決算による中間申告書を提出し,かつ,その提出の日から分割型分割の日までの間に確定申告書を提出していなかった場合には,中間申告書に係る期間(事業年度開始の日以後6か月の期間)終了の時の簿価純資産価額が上記イの金額になります。

　(注2)　「当該分割型分割の直前の資本金等の額が零以下である場合には零と,当該分割型分割の直前の資本金等の額及びロに掲げる金額が零を超え,かつ,イに掲げる金額が零以下である場合には1とし,当該割合に小数点以下3位未満の端数があるときはこれを切り上げる。」と規定されていることから,以下のように取り扱われます。

　　　• 分割法人の分割型分割の直前の資本金等の額が0以下である場合には,分割移転割合は0になります。

　　　• 分割法人の分割型分割の直前の資本金等の額及び分子の金額が0を超え,かつ,分母の金額が0以下である場合には,分割移転割合は1になります。

　　　• $\dfrac{\text{ロ}}{\text{イ}}$ (分割移転割合)は小数点以下第3位未満の端数を切り上げて計算します。

　(注3)　法人税法施行令23条1項2号ロにおいて,「(当該金額がイに掲げる金額を超える場合(イに掲げる金額が零に満たない場合を除く。)には,イに掲げる金額)」と規定されているため,分割移転割合が1を超えるときは,分割移転割合を1として計算します。ただし,分子が0以下である場合には分割移転割合は0になります。

　すなわち,分割型分割の直前における分割法人の資本金等の額及び移転する分割事業の簿価純資産価額が0を超え,かつ,分割法人が債務超過である場合には,分割移転割合が1となるため,分割法人株式の帳簿価額の全額を分割承継法人株式の帳簿価額に付け替えます。

　これに対し,分割法人の資本金等の額が0以下である場合には,分割移転割合が0となるため,分割承継法人株式の帳簿価額に付け替えるべき金額は0となります。さらに,移転する分割事業が簿価ベースで債務超過である場合についても,分割移転割合が0となるため,同様の取扱いになります。

2　分割承継法人が債務超過の場合

Q3-5　分割承継法人が債務超過の場合における取扱い

分割承継法人が債務超過である場合には，会社法，会計及び税務上，特殊な論点はありますか。

A3-5
分割承継法人が債務超過であったとしても，特段の論点はありません。

解説

会社法上，分割承継法人が債務超過である場合には，特段の論点はありません。強いていえば，分割により交付される分割承継法人株式がかなりの株式数になる可能性があるという点が挙げられます。そして，分割対価の額が分割承継法人の純資産額の5分の1を超えることが多いと思われるため，一般的に，分割承継法人が簡易分割を行うことができないと思われます。

そして，会計及び税務上は，分割事業に係る資産及び負債をどのように受け入れるのかが問題となるため，分割承継法人が債務超過であることによる特殊な論点はありません。そのため，Q1-12で解説したように，不平等な分割比率に基づいて吸収分割型分割をしたことによる株主間贈与のみが問題になります。

※　Q2-2で解説したように，債務の履行の見込みがあることの要否について，事前備置書面に記載する必要がありますが（会社法794，会規192七），債務の履行の見込みがないことは分割の無効原因にはなりません。

3 分割事業が債務超過の場合

1 会社法上の取扱い

Q3-6 会社法上の手続き（分割事業が債務超過の場合）

> 会社法上，分割事業が債務超過である分割型分割を行った場合には，分割事業が資産超過である分割型分割と異なる論点はありますか。

A3-6

原則として，分割承継法人で簡易分割を選択することができません。

解 説

一部に異論はあるものの，会社法上，分割事業が債務超過である分割型分割を行うことは可能であると考えられています。これは，簿価純資産価額が債務超過である場合だけでなく，時価純資産価額が債務超過である場合であっても同様です（相澤哲ほか『論点解説　新・会社法』672-673頁（商事法務，平成18年））。そして，会社法795条2項1号では，分割事業の簿価純資産価額が債務超過である吸収分割を許容する前提で，株主総会における取締役の説明責任を課しています。

しかし，分割事業が債務超過である吸収分割型分割を行った場合には，分割承継法人において，簡易分割を選択することができません（会社法796②）。なお，分割承継法人が連結配当制度を採用している場合において，分割法人が分割承継法人の子会社であるときは，簡易分割を選択することも可能ですが（会規195④），連結配当制度を採用することができる法人は，連結計算書類を作成している会社に限定されています（計規2③五十五）。

そのほか，反対株主の株式買取請求が行われた場合に，シナジー価格による

べきなのか，ナカリセバ価格によるべきなのかという論点があります（佐藤信祐「非上場会社の株式交付型組織再編における公正な価格」法学政治学論究111号226-229頁（平成28年））。さらに，分割事業が債務超過であることを理由として，分割承継法人の債権者の利益を害する可能性があるため，分割に異議を述べる債権者が現れる可能性があります。このような場合には，当該分割に異議を述べた債権者に対して，弁済期が到来していない場合であっても，早期に弁済を行ったり，相当の担保の提供などを行ったりする必要があります（会社法799⑤）。

※　交付する分割承継法人株式が譲渡制限株式であり，かつ，分割承継法人が公開会社でないときは，分割事業が資産超過であっても簡易分割を行うことはできません（会社法796①但書）。

※　持分会社が分割承継法人である場合には，総社員の同意が必要とされていることから（会社法802①），そもそも簡易分割の制度は認められていません。

※　分割法人では，吸収分割型分割により分割承継法人に承継させる資産の帳簿価額の合計額が分割法人の総資産額として法務省令で定める方法により算定される額の5分の1（これを下回る割合を分割法人の定款で定めた場合にあっては，その割合）を超えない場合には，簡易分割を行うことができるため（会社法784②），分割事業が債務超過であっても，簡易分割を行うことは可能です。

2 ┃ 会計上の取扱い

Q3-7　子会社が分割法人であり，親会社が分割承継法人である場合

弊社（以下，「P社」という。）を分割承継法人とし，100％子会社であるA社を分割法人とする無対価分割を予定しています。なお，分割事業に係る資産の帳簿価額が3,000百万円であり，負債の帳簿価額が5,000百万円です。

この場合における会計上の分割受入仕訳を教えてください。

A3-7

P社における受入仕訳は以下のとおりです。

【P社の仕訳】

| (諸　資　産) | 3,000百万円 | (諸　負　債) | 5,000百万円 |
| (特　別　損　失) | 2,000百万円 | (子会社株式) | 0百万円 |

解　説

1．分割承継法人株式を交付する場合

(1) 親会社に対する分割を行う場合の特徴

理論上，子会社から親会社に対して債務超過の部門を分割により移転する場合が考えられます。そして，親会社に対して分割を行う場合には，分社型分割を行うと，分割法人である子会社が分割承継法人である親会社の株式を取得してしまうため，分割型分割によることが多いと思われます。このような分割型分割を行った場合において，分割承継法人株式を交付したときは，分割法人の株主が親会社（分割承継法人）であるため，自己株式として取り扱われます。

また，子会社に少数株主が存在する場合には，これらの少数株主も分割法人の株主であるため，分割承継法人株式を取得します。

■ 親会社に対する分割型分割

（イ）分割前

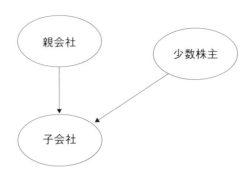

（ロ）分割後

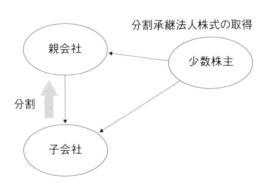

　しかし，ご質問のケースでは，Ｐ社がＡ社の発行済株式の全部を保有してい
るため，少数株主は存在しません。そのため，無対価分割を行うことも可能で
す（無対価分割を行った場合の会計処理は，後述 2 参照）。

（2）分割法人（子会社）の会計処理

　分割型分割を行った場合には，分社型分割＋現物配当という会計処理を行い
ます（結合指針221）。

　まず，分社型分割の会計処理は，投資が継続しているとみることができるた
め，個別財務諸表上，分割法人が受け取った分割承継法人株式の取得原価は，
移転事業に係る株主資本相当額に基づいて算定します（分離等基準19，結合指
針221，226）。

次に，現物配当における会計処理は，自己株式及び準備金の額の減少等に関する会計基準の適用指針10項において，按分型分割を行った場合には，現物配当の段階では，分割法人において損益を認識しないことが明らかにされています。

そのため，具体的な仕訳は以下のようになります。

【分割法人における会計処理（資産超過の場合）】
（イ）会社分割に係る会計処理

| （諸　負　債） | ×××　（諸　資　産） | ××× |
| （承継法人株式） | ××× | |

（ロ）現物配当に係る会計処理
　イ　その他利益剰余金を配当原資にする場合

| （利 益 剰 余 金） | ×××　（承継法人株式） | ××× |

　ロ　その他資本剰余金を配当原資にする場合

| （資 本 剰 余 金） | ×××　（承継法人株式） | ××× |

これに対し，債務超過の分社型分割では，「組織再編により生じた株式の特別勘定」等，適切な科目をもって負債に計上します（結合指針221，226，計規12）。そして，分割型分割を行った場合に，その他利益剰余金を増加させるのか，その他資本剰余金を増加させるのかにつき，「企業結合会計基準及び事業分離等会計基準に関する適用指針」，「自己株式及び準備金の額の減少等に関する会計基準の適用指針」では明らかにされていません。そのため，私見ではありますが，通常どおり，取締役会等の企業の意思決定機関において定められた結果に従うべきであると思われます（新日本有限責任監査法人編『ケース別債務超過会社の会計実務』342-343頁（中央経済社，平成26年）参照）。具体的には，以下の事例をご参照ください。

【分割法人における会計処理（債務超過の場合）】
（イ）会社分割に係る会計処理

| （諸　負　債） | ×××　（諸　資　産） | ××× |
| | （特 別 勘 定） | ××× |

（ロ）現物配当に係る会計処理

　イ　その他利益剰余金を配当原資にする場合

（特　別　勘　定）　　　　　×××　（利 益 剰 余 金）　　　　　×××

　ロ　その他資本剰余金を配当原資にする場合

（特　別　勘　定）　　　　　×××　（資 本 剰 余 金）　　　　　×××

※　平成21年改正前会社計算規則66条2項3号では，資本金，資本準備金及び利益準備金の変動額をマイナスにすることはできないことが明記されている一方で，その他資本剰余金及びその他利益剰余金についてはそのような規定はありませんでした。そのため，現在の会社法では，その他資本剰余金及びその他利益剰余金がマイナスとなる分割型分割が容認されていると考えられます。

　　なお，現在の会社計算規則38条1項でも，「分割型吸収分割により減少する吸収分割会社の資本金，資本剰余金及び利益剰余金の額をそれぞれ当該吸収分割承継会社の資本金，資本剰余金及び利益剰余金の増加額とすることができる。」とは規定せずに，「分割型吸収分割により変動する吸収分割会社の資本金，資本剰余金及び利益剰余金の額をそれぞれ当該吸収分割承継会社の資本金，資本剰余金及び利益剰余金の変動額とすることができる。」と規定していることから，その他資本剰余金及びその他利益剰余金がマイナスとなる分割型分割を想定した条文構成が引き継がれています。

（3）分割承継法人（親会社）の会計処理

①　基本的な考え方

　分割承継法人である親会社は，分割法人の株主であることから，分割承継法人としての会計処理と分割法人の株主としての会計処理の2つを行う必要があります。

　すなわち，分割法人の株主として分割承継法人株式の交付を受けることから，自己株式の取得に係る会計処理を行う必要があります。

②　資産及び負債の引継ぎ

　親会社が子会社から受け入れる資産及び負債は，分割期日の前日に付された適正な帳簿価額により計上することが原則です（結合指針218）。しかし，親会社が作成する連結財務諸表において，当該子会社の資産及び負債を修正しているときは，修正後の帳簿価額により受け入れる必要があります（結合指針220）。

③　抱き合わせ株式に係る会計処理

　Ｑ１−２で解説した親会社を合併法人とし，子会社を被合併法人とする吸収合併を行う場合と同様に，子会社を分割法人とし，親会社を分割承継法人とする吸収分割型分割を行った場合には，「株主資本の額のうち親会社持分相当額」と「子会社株式の帳簿価額のうち受け入れた資産及び負債と引き換えられたとみなされる額」との差額について，特別損益に計上する必要があります（結合指針218，206）。

　なお，子会社株式の帳簿価額のうち受け入れた資産及び負債と引き換えられたとみなされる額は，以下のいずれかの方法によって合理的に按分して計算します（結合指針219）。

> （イ）時価純資産価額の比率で按分する方法
> （ロ）時価総額の比率で按分する方法
> （ハ）簿価純資産価額で按分する方法（連結財務諸表上の簿価純資産価額を含む。）

　ただし，分割事業が債務超過である場合には，上記のいずれの数値も０になることが多いことから，「受け入れた資産及び負債と引き換えられたとみなされる額」は０とすべきである場面が多いと思われます。

２．何ら対価を交付しない場合

　前述のように，分割事業が債務超過である場合には，何ら対価を交付しない分割（無対価分割）を行うことが考えられます。そして，会計上，このような分割は，分割型分割として取り扱われます（結合指針203-2，437-3）。

　したがって，前述「１．分割承継法人株式を交付する場合」と会計上の処理は変わりません。

Q3-8 子会社が分割法人であり，他の子会社が分割承継法人である場合

弊社（以下，「P社」という。）の100％子会社であるA社を分割法人とし，同じく100％子会社であるB社を分割承継法人とする無対価分割を予定しています。なお，分割事業に係る資産の帳簿価額は3,000百万円であり，負債の帳簿価額は5,000百万円です。

この場合における会計上の分割受入仕訳を教えてください。

A3-8

B社における分割受入仕訳は，以下のとおりです。

（諸　資　産）	3,000百万円	（諸　　負　　債）	5,000百万円
		（資 本 剰 余 金）	20百万円
		（利 益 剰 余 金）	△2,020百万円

※　分割法人において，資本金10百万円，資本準備金10百万円を減少させていることを前提としています。

解説

1．分割承継法人株式を交付する場合

（1）分割法人（子会社）の会計処理

分割型分割を行った場合には，分社型分割＋現物配当という会計処理を行います。そのため，分割法人（子会社）の会計処理はQ3-7と変わりません。

（2）分割承継法人（他の子会社）の会計処理

①　資産及び負債の会計処理

分割承継法人が分割法人から受け入れる資産及び負債は，分割期日の前日に付された適正な帳簿価額により計上します（結合指針256，234）。

124

② 増加すべき株主資本の会計処理

さらに，分割事業が資産超過会社である場合において，分割法人の株主（親会社）に対して，分割承継法人株式（子会社株式）のみが交付されるときは，分割により増減した株主資本の額についての処理として，以下の2つの方法が認められています。

（ⅰ）原則的な会計処理

　分割により増加した株主資本の額を，払込資本の額（資本金，資本準備金またはその他資本剰余金）として処理します（結合指針256，234，227，会社法445⑤，計規37②）。

（ⅱ）認められる会計処理

　分割法人において減少した資本金，資本準備金，その他資本剰余金，利益準備金及びその他利益剰余金の内訳科目を，そのまま引き継ぎます（結合指針256，234，会社法445⑤，計規38①）。

そして，分割事業が債務超過である場合において，（ⅰ）原則的な会計処理を採用するときは，払込資本の額を0とし，その他利益剰余金のマイナスとして処理します。そのため，分割法人において減少した株主資本の額が，資本金10百万円，資本準備金10百万円，その他利益剰余金が△2,020百万円である場合には，以下の仕訳になります。

【（ⅰ）原則的な会計処理】
（諸　資　産）	3,000百万円	（諸　負　債）	5,000百万円
		（利益剰余金）	△2,000百万円

【（ⅱ）認められる会計処理】
（諸　資　産）	3,000百万円	（諸　負　債）	5,000百万円
		（資　本　金）	10百万円
		（資本準備金）	10百万円
		（利益剰余金）	△2,020百万円

　なお，分割承継法人が新株の発行に代えて，自己株式を処分した場合において，（ⅰ）原則的な会計処理を採用したときは，増加すべき株主資本の額から

自己株式の帳簿価額を控除した額を払込資本の増加額としますが，当該差額がマイナスになる場合には，その他資本剰余金の減少として処理します（結合指針256，234，227，会社法445⑤，計規37②）。

これに対し，（ⅱ）認められる会計処理を採用したときは，分割承継法人において減少した資本金，資本準備金，その他資本剰余金，利益準備金及びその他利益剰余金の内訳科目を，そのまま引き継ぎ，処分した自己株式の帳簿価額をその他資本剰余金から控除します（結合指針256，234，会社法445⑤，計規38①）。

すなわち，上記の事例において，分割により交付した自己株式の帳簿価額が200百万円である場合には，以下の仕訳を行います。

【（ⅰ）原則的な会計処理】

（諸　資　産）	3,000百万円	（諸　負　債）	5,000百万円
		（利益剰余金）	△2,000百万円
		（自己株式）	200百万円
		（資本剰余金）	△200百万円

【（ⅱ）認められる会計処理】

（諸　資　産）	3,000百万円	（諸　負　債）	5,000百万円
		（資　本　金）	10百万円
		（資本準備金）	10百万円
		（利益剰余金）	△2,020百万円
		（自己株式）	200百万円
		（資本剰余金）	△200百万円

（3）分割法人の株主（親会社）の会計処理

分割法人株式の帳簿価額のうち受け入れた資産及び負債と引き換えられたとみなされる額を，分割承継法人株式の帳簿価額に付け替える必要があります（結合指針219）。しかし，分割事業が債務超過である場合には，「受け入れた資産及び負債と引き換えられたとみなされる額」は0とすべき場合が多いと思われます。

すなわち，一般的には，分割法人株式の帳簿価額から分割承継法人株式の帳

簿価額に付け替えるべき金額はありません。

2．何ら対価を交付しない場合

　ご質問のケースのように，移転する分割事業が債務超過である場合には，何ら対価を交付しない分割（無対価分割）を行うことが考えられます。そして，会計上，このような無対価分割を分割型分割として取り扱います。

　しかし，株式を発行していないことから，資本金及び準備金を増加させることは適当ではないと解されるため，分割法人の資本金，資本準備金及びその他資本剰余金に相当する金額をその他資本剰余金として引き継ぎ，分割法人の利益準備金及びその他利益剰余金に相当する金額をその他利益剰余金として引き継ぎます（結合指針437-3，計規38②）。

　そのため，分割法人において減少した株主資本の額が，資本金10百万円，資本準備金10百万円，その他利益剰余金が△2,020百万円である場合には，以下の仕訳になります。

【受入仕訳】

(諸　　資　　産)	3,000百万円	(諸　　負　　債)	5,000百万円
		(資 本 剰 余 金)	20百万円
		(利 益 剰 余 金)	△2,020百万円

Q3-9　親会社が分割法人であり，子会社が分割承継法人である場合

　弊社（以下，「P社」という。）を分割法人とし，100％子会社であるA社を分割承継法人とする無対価分割を予定しています。なお，分割事業に係る資産の帳簿価額は3,000百万円であり，負債の帳簿価額は5,000百万円です。

　この場合には，会計上，分社型分割として取り扱われるのでしょうか。

A3-9

　会計上は，分割型分割として取り扱われます。

解説

　100％子会社に対して会社分割を行う場合には，分割承継法人株式を交付したとしても，交付しなかったとしても資本関係が変わらないことから，無対価分割が行われています。

　Q2-5で解説したように，法人税法上，このような分割については，分割承継法人株式を交付する分社型分割を行った場合と資本関係が変わらないことから，分社型分割として取り扱われます。

　これに対し，会計上は，分割承継法人株式が交付されないことを理由として，分割型分割として取り扱われます（結合指針203-2）。そのため，ご質問のケースにおいて，分割法人で減少した株主資本の額が，資本金10百万円，資本準備金10百万円，その他利益剰余金が△2,020百万円である場合には，以下の仕訳を行います。

【分割法人（親会社）の仕訳】

（諸　負　債）	5,000百万円	（諸　資　産）	3,000百万円
（資　本　金）	10百万円		
（資 本 準 備 金）	10百万円		
（利 益 剰 余 金）	△2,020百万円		

※　本件分割型分割により，分割承継法人である子会社の純資産価額が減少するため，子会社株式評価損を計上すべき事案もあり得ます。

【分割承継法人（子会社）の仕訳】

（諸　資　産）	3,000百万円	（諸　負　債）	5,000百万円
		（資 本 剰 余 金）	20百万円
		（利 益 剰 余 金）	△2,020百万円

Q3-10	単独新設分割型分割

> 弊社（以下，「P社」という。）を分割法人とする単独新設分割型分割を予定しています。なお，分割事業に係る資産の帳簿価額が3,000百万円であり，分割により移転する負債の帳簿価額が5,000百万円です。
> この場合における会計上の分割受入仕訳を教えてください。

A3-10

分割法人において，資本金10百万円，資本準備金10百万円を減少させていることを前提とすると，以下のいずれかの仕訳を行います。

【(i) 原則的な会計処理】

（諸　資　産）	3,000百万円	（諸　負　債）	5,000百万円
		（利益剰余金）	△2,000百万円

【(ii) 認められる会計処理】

（諸　資　産）	3,000百万円	（諸　負　債）	5,000百万円
		（資　本　金）	10百万円
		（資本準備金）	10百万円
		（利益剰余金）	△2,020百万円

解説

単独新設分割型分割は，企業結合ではないものの企業結合会計基準及び事業分離等会計基準に関する適用指針において，子会社間の分割型分割に準じて処理することが明らかにされています（結合指針263，264）。

ただし，新設分割型分割であることから，自己株式を交付したり，無対価分割を行ったりすることは想定されません。そのため，Q3-8で解説した内容のうち，分割承継法人株式を交付する場合を参考にしてください。

3 ┃ 税務上の取扱い

Q3-11 税制適格要件の判定

> 分割事業が債務超過である分割型分割を行った場合には，分割事業が資産超過である分割型分割と同じように税制適格要件を判定すればよいのでしょうか。

A3-11...

債務超過会社を分割法人とする分割型分割を行った場合であっても，税制適格要件の判定方法は変わりません。

しかし，無対価分割を行った場合には異なる論点があるため，ご留意ください。

解 説...

1．基本的な取扱い

適格分割型分割は，（1）グループ内の適格分割型分割，（2）共同事業を行うための適格分割型分割の2つに大別されます（法法2十二の十一）。また，（1）グループ内の適格分割型分割は，①100％グループ内の適格分割型分割と，②50％超100％未満グループ内の適格分割型分割に分けられます。税制適格要件の具体的な内容は以下のとおりです。

■税制適格要件　（法法２十二の十一，法令４の３⑤～⑧）

100％グループ内	50％超100％未満	共同事業
（ⅰ）金銭等不交付要件 （ⅱ）按分型要件	（ⅰ）金銭等不交付要件 （ⅱ）按分型要件 （ⅲ）主要資産等引継要件 （ⅳ）従業者引継要件 （ⅴ）事業継続要件	（ⅰ）金銭等不交付要件 （ⅱ）按分型要件 （ⅲ）主要資産等引継要件 （ⅳ）従業者引継要件 （ⅴ）事業継続要件 （ⅵ）事業関連性要件 （ⅶ）事業規模要件または 　　　特定役員引継要件 （ⅷ）株式継続保有要件

※　上記のほか，平成29年度税制改正により，スピンオフのための適格分割型分割も導入されています。

　分割事業が債務超過である場合であっても，上記の要件を満たすか否かにより判定を行います。しかし，分割事業が債務超過である場合には，分割比率の算定が困難であることから，①分割法人に対して何ら対価を交付しない分割型分割を行う方法，②株主間贈与の影響を限定的にするために少数の株式のみを交付する方法の２つが考えられます。

　このうち，株主間贈与に該当する分割を行ったとしても，税制適格要件に抵触しないという点については，Ｑ１-６で解説した合併の取扱いと同様です。

２．無対価分割型分割における税制適格要件の判定

　合併の取扱いと同様に，平成22年度税制改正により，無対価分割型分割を行った場合における税制適格要件の判定方法も明確化され，原則として，非適格分割型分割として取り扱うこととしながらも，以下の場合についてのみ，税制適格要件を満たすことが明らかにされました（法法２十二の十一，法令４の３⑥～⑧）。なお，無対価分割を行ったとしても，金銭等不交付要件，按分型要件にはそれぞれ抵触しません。

（1） 100％グループ内の適格分割型分割

① 当事者間の完全支配関係がある場合

分割承継法人が分割法人の発行済株式の全部を直接に保有している場合

② 同一の者による完全支配関係がある場合

（ⅰ）分割承継法人が分割法人の発行済株式の全部を直接に保有している場合

（ⅱ）分割法人と分割承継法人の株主構成が同一の場合

（2） 50％超100％未満グループ内の適格分割型分割

① 当事者間の支配関係がある場合

分割法人と分割承継法人の株主構成が同一の場合

② 同一の者による支配関係がある場合

（ⅰ）分割承継法人が分割法人の発行済株式の全部を直接に保有している場合

（ⅱ）分割法人と分割承継法人の株主構成が同一の場合

（3） 共同事業を行うための適格分割型分割

分割法人と分割承継法人の株主構成が同一の場合

　上記の100％グループ内の適格分割型分割のうち，（1）①分割承継法人が分割法人の発行済株式の全部を直接に保有している場合（すなわち，100％子会社から親会社への分割型分割）と，（1）②（ⅱ）分割法人と分割承継法人の株主構成が同一の場合（すなわち，100％兄弟会社に対する分割型分割）のみが，実務上，利用されていると思われます。Q2-5で解説したように，このような無対価分割は，会計上も税務上も，分割型分割として取り扱われます。

※　不動産取得税における非課税要件は以下のように定められており，対価の交付を省略したと認められない無対価分割型分割を行ったとしても，非課税要件に抵触しません。そのため，他の要件を満たせば，不動産取得税の非課税要件を満たすことができます（地法73の 7 二，地令37の14）。
- 金銭等不交付要件
- 按分型要件
- 主要資産等引継要件
- 事業継続要件
- 従業者引継要件

Q3-12 非適格分割型分割に該当した場合（法人による完全支配関係がない場合）

弊社（以下，「Ｐ社」という。）を分割法人とし，グループ外の法人であるＡ社を分割承継法人とする吸収分割型分割を予定しています。なお，Ｐ社はＡ社株式を１株も保有していません。そして，分割事業が債務超過（資産400百万円，負債500百万円）であることから，無対価分割を予定しています。

この場合には，税務上，どのように取り扱われるのでしょうか。

A3-12

資産及び負債の帳簿価額と時価が等しいと仮定すると，法人税法上，以下の仕訳をそれぞれ行います。

【Ｐ社の仕訳】

（分割対価資産）	0百万円	（資　　　産）	400百万円
（負　　　債）	500百万円	（分割譲渡利益）	100百万円
（資本金等の額）	0百万円	（分割対価資産）	0百万円
（利益積立金額）	0百万円		

【Ａ社の仕訳】

（資　　　産）	400百万円	（分割対価資産）	0百万円
（寄　附　金）	100百万円	（負　　　債）	500百万円

解説

Ｑ２-５で解説したように，ご質問のケースでは，分割前に分割法人が分割承継法人株式を１株も保有していないため，無対価分割を行った場合には，分割型分割として取り扱われます。そして，Ａ３-11で解説したように，対価の交付を省略したと認められない場合には，非適格分割型分割として取り扱われます。

無対価分割型分割を行った場合には，分割法人の株主に交付する分割対価資

産がないことから，分割法人及び分割承継法人では，無対価分社型分割を行ったときと同じ取扱いになります（Ｑ2-7参照）。そして，分割法人の株主の処理として，株式譲渡損益の計算をどのように行うのかが問題になります。

　この点につき，法人税法61条の2第4項において，「当該所有株式のうち当該分割型分割により当該分割承継法人に移転した資産及び負債に対応する部分の譲渡を行ったものとみなして，第1項の規定を適用する。」と規定されているものには，無対価分割型分割は含まれていません。そのため，対価の交付を省略したと認められない無対価分割型分割を行った場合には，0円で譲渡したものとして，当該規定の適用を受け，株式譲渡損益を認識すべきであるようにも思えます。

　しかし，法人税法施行令119条の3第21項，22項及び119条の4第1項に規定する分割法人株式の帳簿価額を分割承継法人の帳簿価額に付け替えるという取扱いは，①分割承継法人株式または親法人株式のいずれか一方の株式以外の資産が交付される分割型分割と，②対価の交付を省略したと認められる分割型分割に限られています。そのため，条文上，対価の交付を省略したと認められない無対価分割型分割については，分割法人の株主において税務処理を行わないことになります。

【分割法人の株主における仕訳】
（分割対価資産）　　　　　　　0百万円　（分割法人株式）　　　　　　　0百万円

　さらに，分割法人においても，増減する資本金等の額及び利益積立金額を計算する必要がありますが，分割により移転する事業が簿価ベースでマイナスである場合には，分割法人において減算すべき資本金等の額は0となります（法法2十六，法令8①十五）。そして，減算すべき利益積立金額については，法人税法施行令9条9号において，「分割法人が当該分割型分割により当該分割法人の株主等に交付した金銭の額及び金銭以外の資産の価額の合計額（括弧内省略）から第8条第1項第15号（資本金等の額）に掲げる金額を減算した金額」とされていますが，無対価分割型分割を行った場合には，「分割法人の株

主等に交付した金銭の額及び金銭以外の資産の価額」が0であることから，減算すべき利益積立金額も0となります。

Q3-13 非適格分割型分割に該当した場合（法人による完全支配関係がある場合）

弊社（以下，「Ｐ社」という。）の100％子会社であるＡ社を分割法人とし，同じく100％子会社であるＢ社を分割承継法人とする吸収分割型分割を予定しています。ただし，分割後に，Ｐ社はＢ社の発行済株式の全部を第三者に譲渡することを予定しています。

そして，分割事業が債務超過（資産400百万円，負債500百万円）であることから，無対価分割を予定しています。

この場合には，税務上，どのように取り扱われるのでしょうか。

A3-13...

資産及び負債の帳簿価額と時価が等しく，かつ，のれんとしての価値がないと仮定すると，法人税法上，以下の仕訳をそれぞれ行います。

【Ａ社の仕訳】

（分割対価資産）	0百万円	（資　　　　産）	400百万円
（負　　　　債）	500百万円	（受　贈　益）	100百万円
		―益金不算入―	

【Ｂ社の仕訳】

（資　　　　産）	400百万円	（分割対価資産）	0百万円
（寄　附　金）	100百万円	（負　　　　債）	500百万円
―損金不算入―			

【Ｐ社の仕訳】

（イ）寄附修正事由（Ａ社株式）

（Ａ　社　株　式）	100百万円	（利益積立金額）	100百万円

※　Ｑ3-12で解説したように，Ｐ社（親会社）が保有するＡ社株式（分割法人株式）の帳簿価額のうち，Ｂ社株式（分割承継法人株式）の帳簿価額に付け替えるべき金額は0となります。

※　Ｑ1-9，Ｑ2-8で解説したように，寄附修正事由については，別表四を通さずに，

別表五(一)のみで申告調整を行います。

（ロ）寄附修正事由（B社株式）

| （利益積立金額） | 100百万円 | （B 社 株 式） | 100百万円 |

（ハ）B社株式の譲渡

| （現 金 預 金） | 1,000百万円 | （B 社 株 式） | 600百万円 |
| | | （株式譲渡益） | 400百万円 |

※　分割前にP社が保有するB社株式の帳簿価額が700百万円であったと仮定します。

解説

　Q2-5で解説したように，ご質問のケースでは，分割前に分割法人が分割承継法人株式を保有していないため，無対価分割を行った場合には，分割型分割として取り扱われます。そして，同一の者による分割承継法人に対する完全支配関係が継続することが見込まれていないため，非適格分割型分割として取り扱われます。そのため，ご質問のケースでは，非適格分割型分割として，分割法人において譲渡益を認識し，分割承継法人において資産調整勘定を認識する必要があります（法法62の8⑫，法令123の10⑯，法規27の16③④）。

　しかしながら，P社とA社はグループ会社であることから，当該資産調整勘定にのれんとしての価値がないにもかかわらず，このような分割型分割が行われることがあり得ます。そのため，資産調整勘定にのれんとしての価値がないと認められる場合には，寄附金として処理されます。さらに，ご質問のケースでは，法人による完全支配関係のある内国法人間で寄附が行われていることから，A社で受贈益の益金不算入が適用されるとともに，P社の保有するA社株式及びB社株式に対する寄附修正事由が生じるという点にご留意ください（法令119の3⑨，9七，119の4①）。

　　※　ご質問のケースは，対価の交付を省略したと認められる非適格分割型分割であるため，B社において，法人税法施行令123条の10第16項の規定に従い，資産評定を行うことにより，資産調整勘定を認識する余地があります。この場合には，A社において，資産調整勘定に相当する金額だけの受贈益が減少し，同額の譲渡益が増加することに

なります。

補足　親会社を分割法人とし，孫会社を分割承継法人とする非適格分割型分割

　親会社を分割法人とし，孫会社を分割承継法人とする無対価の分割型分割を行った場合には，対価の交付を省略したと認められないことから，非適格分割型分割として取り扱われます。

　この場合には，子会社において分割承継法人の株主としての仕訳が生じますが，分割法人である親会社が最上位の会社であることから，親会社において生じた受贈益に相当する金額に対して，その株主における寄附修正事由は生じません。すなわち，解説における P 社の仕訳のうち「寄附修正事由（B 社株式）」は生じますが，「寄附修正事由（A 社株式）」は生じないことになります。

Q3-14 適格分割型分割に該当した場合

　弊社（以下，「Ｐ社」という。）の100％子会社であるＡ社を分割法人とし，同じく100％子会社であるＢ社を分割承継法人とする吸収分割型分割を予定しています。本件分割型分割は適格分割型分割に該当すると考えています。

　そして，分割事業が債務超過（資産400百万円，負債500百万円）であることから，無対価分割を予定しています。なお，分割法人Ａ社は債務超過会社ではありません。

　この場合には，税務上，どのように取り扱われるのでしょうか。

A3-14

以下の仕訳をそれぞれ行います。

【Ａ社の仕訳】

（負　　　債）	500百万円	（資　　　産）	400百万円
（利益積立金額）	△100百万円		
（Ｂ 社 株 式）	0百万円		
（資本金等の額）	0百万円	（Ｂ 社 株 式）	0百万円

【Ｂ社の仕訳】

（資　　　産）	400百万円	（負　　　債）	500百万円
		（利益積立金額）	△100百万円

【Ｐ社の仕訳】

（Ｂ 社 株 式）	0百万円	（Ａ 社 株 式）	0百万円

解説

1．分割法人及び分割承継法人の税務処理

　実務上，分割事業が債務超過である場合，例えば，100％兄弟会社または

100％親会社に対して適格分割型分割を行う場合において，移転する事業の時価総額が△100百万円である適格分割型分割を行う事案が考えられます。

　かつて，Ｑ１-13で解説した合併と同じ理屈から，分割事業が債務超過である場合には，実質的な債務引受けがあったものとして取り扱うべきであるという意見がありました。

　しかしながら，分割承継法人の受入処理は，法人税法施行令123条の３第３項において資産及び負債の帳簿価額により引き継ぐことが明らかにされています。そして，分割法人においても，資産及び負債を帳簿価額により移転し（法法62の２②），減算すべき資本金等の額に相当する金額により，分割承継法人株式を取得したものとみなされることが明らかにされています（法法62の２③，法令123の３②）。

　さらに，法人税法施行令８条１項15号，９条10号では，分割法人において減算すべき資本金等の額及び利益積立金額について，以下のように規定されています。

減算すべき資本金等の額の計算

減算すべき資本金等の額＝分割法人の分割型分割の直前の資本金等の額×$\dfrac{ロ}{イ}$

イ＝分割法人の分割型分割の日の属する事業年度の前事業年度終了の時の簿価純資産価額（当該前事業年度終了の時から当該分割型分割の直前の時までの間に資本金等の額または利益積立金額（法人税法施行令９条１号に掲げる金額を除く。）が増加し，または減少した場合には，その増減後の金額）

ロ＝分割法人の分割型分割の直前の移転純資産の簿価純資産価額（「控除した金額」と規定されていることから，０が下限となる。）

（注１）分割型分割の日以前６か月以内に仮決算による中間申告書を提出し，かつ，その提出の日から分割型分割の日までの間に確定申告書を提出していなかった場合には，中間申告書に係る期間（事業年度開始の日以後６か月の期間）終了の時の簿価純資産価額が上記イの金額となります。

（注２）「当該直前の資本金等の額が零以下である場合には零と，当該直前の資本金等の額及びロに掲げる金額が零を超え，かつ，イに掲げる金額が零以下である場合には１とし，当該割合に小数点以下３位未満の端数があるときはこれを切り上げる。」と規定されていることから，以下のように取り扱われます。

　・分割法人の分割型分割の直前の資本金等の額が０以下である場合には，分割移転

割合は 0 になります。

- 分割法人の分割型分割の直前の資本金等の額及び分子の金額が 0 を超え，かつ，分母の金額が 0 以下である場合には，分割移転割合は 1 になります。
- $\dfrac{\text{ロ}}{\text{イ}}$（分割移転割合）は小数点以下第 3 位未満の端数を切り上げて計算します。

（注 3） 法人税法施行令 8 条 1 項15号ロにおいて，「当該金額がイに掲げる金額を超える場合（イに掲げる金額が零に満たない場合を除く。）には，イに掲げる金額」と規定されているため，分割移転割合が 1 を超えるときは，分割移転割合を 1 として計算します。ただし，分子が 0 以下である場合には分割移転割合は 0 になります。

減算すべき利益積立金額の計算

減算すべき利益積立金額
　＝移転資産及び負債の簿価純資産価額－減算すべき資本金等の額

　すなわち，分割により移転する事業が簿価ベースでマイナスである場合には，法人税法施行令 8 条 1 項15号ロにおいて「控除」と規定されていることから，上記ロに掲げる金額が 0 になります。これに対し，同令 9 条10号では「減算」と規定されていることから，減算すべき利益積立金額がマイナスになることが想定されています。そのため，分割法人において受贈益が発生する余地はありません。

　これに対し，同令 8 条 1 項 6 号及び 9 条 3 号では，分割承継法人において，分割法人から引き継いだ資産の帳簿価額から負債の帳簿価額と増加資本金等の額（ 0 百万円）の合計額を減算した金額を利益積立金額のマイナスとして処理することが明らかにされており，条文上，寄附金の額が発生する余地はありません。

2．分割法人の株主の税務処理

（1）分割承継法人株式を交付する場合

　適格分割型分割に該当した場合には，分割法人株式の帳簿価額を分割承継法人株式の帳簿価額に付け替える必要があります（法令119①六）。しかし，適格合併を行った場合と異なり，分割後に分割法人株式と分割承継法人株式の両方を保有するため，分割法人株式の帳簿価額の全額を分割承継法人株式に付け替

えるのではなく，分割事業に対応する部分の金額のみを付け替える必要があります。具体的に，分割承継法人株式に付け替えるべき分割法人株式の帳簿価額は以下のとおりです（法令119①六，119の8①，23①二）。

分割承継法人株式に付け替える部分の計算

$$分割承継法人株式 = \frac{分割型分割の直前における分割}{法人株式（旧株）の帳簿価額} \times \frac{ロ}{イ}$$

イ＝分割法人の分割型分割の日の属する事業年度の前事業年度終了の時の簿価純資産価額（当該前事業年度終了の時から当該分割型分割の直前の時までの間に資本金等の額または利益積立金額（法人税法施行令9条1号に掲げる金額を除く。）が増加し，または減少した場合には，その増減後の金額）

ロ＝分割法人の分割型分割の直前の移転純資産の簿価純資産価額（「控除した金額」と規定されていることから，0が下限となる。）

（注1）分割型分割の日以前6か月以内に仮決算による中間申告書を提出し，かつ，その提出の日から分割型分割の日までの間に確定申告書を提出していなかった場合には，中間申告書に係る期間（事業年度開始の日以後6か月の期間）終了の時の簿価純資産価額が上記イの金額になります。

（注2）「当該分割型分割の直前の資本金等の額が零以下である場合には零と，当該分割型分割の直前の資本金等の額及びロに掲げる金額が零を超え，かつ，イに掲げる金額が零以下である場合には1とし，当該割合に小数点以下3位未満の端数があるときはこれを切り上げる。」と規定されていることから，以下のように取り扱われます。

　• 分割法人の分割型分割の直前の資本金等の額が0以下である場合には，分割移転割合は0になります。

　• 分割法人の分割型分割の直前の資本金等の額及び分子の金額が0を超え，かつ，分母の金額が0以下である場合には，分割移転割合は1になります。

　• $\frac{ロ}{イ}$（分割移転割合）は小数点以下第3位未満の端数を切り上げて計算します。

（注3）法人税法施行令23条1項2号ロにおいて，「（当該金額がイに掲げる金額を超える場合（イに掲げる金額が零に満たない場合を除く。）には，イに掲げる金額）」と規定されているため，分割移転割合が1を超えるときは，分割移転割合を1として計算します。ただし，分子が0以下である場合には分割移転割合は0になります。

このように，分割により移転する事業が簿価ベースで債務超過である場合には，ロが0となるため，分割承継法人株式に付け替えるべき分割法人株式の帳簿価額は0となります。

（2）何ら分割対価資産を交付しない場合

　適格分割型分割に該当する無対価分割型分割を行った場合には，法人税法施行令119条の３第21項，22項及び119条の４第１項において，分割承継法人株式を交付した場合と同様に，分割法人株式の帳簿価額を分割承継法人株式の帳簿価額に付け替えるべきことが明らかにされています。そして，前述のように，分割により移転する事業が簿価ベースで債務超過である場合には，分割承継法人株式に付け替えるべき分割法人株式の帳簿価額は０となります。

　　※　100％子会社から親会社に対する無対価分割型分割を行う場合において，分割事業が資産超過であれば，当該親会社において，分割法人株式の帳簿価額の一部が資本金等の額の減算項目として取り扱われますが（法令８①六），分割事業が債務超過である場合には，資本金等の額は増減しません。

4 分割後に債務超過になる場合

Q3-15 会社法上の手続き（分割後に債務超過になる場合）

資産超過であった分割法人が，分割型分割を行ったことにより債務超過になる場合には，会社法上，特殊な論点はありますか。

A3-15

分割法人が債務超過になったとしても，特段の論点はありません。

解説

Q3-1で解説したように，分割法人が債務超過である場合には特段の論点は存在しないため，分割型分割を行ったことにより分割法人が債務超過になる場合にも特段の論点はありません。

146

Q3-16 会計上の取扱い（分割後に債務超過になる場合）

> 資産超過であった分割法人が，分割型分割を行ったことにより債務超過になる場合には，会計上，特殊な論点はありますか。

A3-16..

分割法人が債務超過になったとしても，特段の論点はありません。

解 説..

Q3-2で解説したように，分割法人が債務超過である場合の特段の論点はないため，分割型分割を行ったことにより分割法人が債務超過になる場合にも特段の論点はありません。

Q₃₋₁₇　非適格分割型分割に該当した場合（分割後に債務超過になる場合）

資産超過であった分割法人が，分割型分割を行ったことにより債務超過になる場合には，税務上，特殊な論点はありますか。

なお，本件分割型分割は，非適格分割型分割に該当する予定です。

A₃₋₁₇

分割法人が債務超過になる非適格分割型分割を行った場合には，分割法人の資本金等の額が0以下であるときを除き，分割法人の資本金等の額の全額を減算させます。

また，分割法人の株主でも，金銭等の交付を受けたときは，株式譲渡損益の計算上，分割法人株式の帳簿価額の全額を譲渡原価に算入させます。

解説

1．分割法人の税務処理

分割型分割の結果，分割法人が債務超過になったとしても，分割型分割における基本的な取扱いは変わりません。ただし，分割法人が債務超過になる場合には，分割法人において減算すべき資本金等の額及び利益積立金額の計算に特徴があります。

すなわち，分割型分割の結果，減算すべき資本金等の額及び利益積立金額について，以下のように規定されています（法令8①十五，9九）。

減算すべき資本金等の額の計算

減算すべき資本金等の額 = 分割法人の分割型分割の直前の資本金等の額 $\times \dfrac{\text{ロ}}{\text{イ}}$

イ＝分割法人の分割型分割の日の属する事業年度の前事業年度終了の時の簿価純資産価額（当該前事業年度終了の時から当該分割型分割の直前の時までの間に資本金等の額または利益積立金額（法人税法施行令9条1号に掲げる金額を除

く。）が増加し，または減少した場合には，その増減後の金額）

ロ＝分割法人の分割型分割の直前の移転純資産の簿価純資産価額（「控除した金額」と規定されていることから，０が下限となる。）

（注１） 分割型分割の日以前６か月以内に仮決算による中間申告書を提出し，かつ，その提出の日から分割型分割の日までの間に確定申告書を提出していなかった場合には，中間申告書に係る期間（事業年度開始の日以後６か月の期間）終了の時の簿価純資産価額が上記イの金額となります。

（注２） 「当該直前の資本金等の額が零以下である場合には零と，当該直前の資本金等の額及びロに掲げる金額が零を超え，かつ，イに掲げる金額が零以下である場合には１とし，当該割合に小数点以下３位未満の端数があるときはこれを切り上げる。」と規定されていることから，以下のように取り扱われます。

- 分割法人の分割型分割の直前の資本金等の額が０以下である場合には，分割移転割合は０になります。
- 分割法人の分割型分割の直前の資本金等の額及び分子の金額が０を超え，かつ，分母の金額が０以下である場合には，分割移転割合は１になります。
- $\frac{ロ}{イ}$（分割移転割合）は小数点以下第３位未満の端数を切り上げて計算します。

（注３） 法人税法施行令８条１項15号ロにおいて，「当該金額がイに掲げる金額を超える場合（イに掲げる金額が零に満たない場合を除く。）には，イに掲げる金額」と規定されているため，分割移転割合が１を超えるときは，分割移転割合を１として計算します。ただし，分子が０以下である場合には分割移転割合は０になります。

減算すべき利益積立金額の計算

減算すべき利益積立金額
＝分割法人の株主に交付する分割対価資産の時価−減算すべき資本金等の額

このように，移転純資産の簿価純資産価額（ロ）が分割法人の簿価純資産価額（イ）よりも大きい場合，具体的には，分割型分割により，分割法人が債務超過になる場合には，分割移転割合が１を超えることから，分割移転割合を１とみなして計算します。

その結果，分割法人の資本金等の額の全額を減算し，それでも足りない部分は利益積立金額を減算します。

そのため，分割前における分割法人の資本金等の額が100百万円であり，利益積立金額が500百万円である場合において，分割法人に移転する分割事業の簿価純資産価額が700百万円であるときは，以下の仕訳を行います。なお，単純化のために，簿価と時価が一致していることを前提としています。

【分割法人の仕訳】

（負　　　　債）	300百万円	（資　　　　産）	1,000百万円
（承継法人株式）	700百万円		
（資本金等の額）	100百万円	（承継法人株式）	700百万円
（利益積立金額）	600百万円		

　上記の仕訳の結果，分割後の分割法人の資本金等の額は0百万円となり，利益積立金額は△100百万円になります。なお，分割後の利益積立金額がマイナスになるという点については，法人税法施行令9条柱書において「減算」と規定されていることから，条文上，想定済みであると考えられます。

　しかしながら，分割前における分割法人の資本金等の額が0以下である場合には，「当該金額がイに掲げる金額を超える場合（イに掲げる金額が零に満たない場合を除く。）には，イに掲げる金額」とする同令8条1項15号ロの規定よりも，「当該直前の資本金等の額が零以下である場合には零」とする同号柱書の規定が優先されるため，分割移転割合を0とみなして計算します。

　そのため，分割前における分割法人の資本金等の額が△100百万円であり，利益積立金額が500百万円である場合において，分割法人に移転する分割事業の簿価純資産価額が700百万円であるときは，以下の仕訳を行います。

【分割法人の仕訳】

（負　　　　債）	300百万円	（資　　　　産）	1,000百万円
（承継法人株式）	700百万円		
（利益積立金額）	700百万円	（承継法人株式）	700百万円

　ただし，条文上，分割前に，すでに分割法人が債務超過である場合には，Q3-3で解説した内容が優先されるため，ご留意ください。

2．分割承継法人の税務処理

　非適格分割型分割を行った場合には，分割法人の株主に交付した分割承継法人株式の時価が分割承継法人における資本金等の額の増加額として取り扱われ

150

ます（法令8①六）。そのため，分割法人が債務超過になる場合についての特
段の論点はありません。

3．分割法人の株主の税務処理
（1）みなし配当の計算

　分割型分割の結果，分割法人が債務超過になったとしても，分割型分割にお
ける基本的な取扱いは変わりません。しかしながら，分割法人が債務超過にな
る場合には，分割法人の株主において認識すべきみなし配当の計算に特徴があ
ります。

　分割型分割の結果，認識すべきみなし配当の金額は，以下のように規定され
ています（法令23①二，所令61②二）。

> **みなし配当の計算**
> みなし配当の金額＝交付を受けた分割対価資産の時価
> 　　　　　　　　－分割法人の分割型分割の直前の資本金等の額×$\frac{ロ}{イ}$×保有比率

イ＝分割法人の分割型分割の日の属する事業年度の前事業年度終了の時の簿価純資
　　産価額（当該前事業年度終了の時から当該分割型分割の直前の時までの間に資
　　本金等の額または利益積立金額（法人税法施行令9条1号に掲げる金額を除
　　く。）が増加し，または減少した場合には，その増減後の金額）
ロ＝分割法人の分割型分割の直前の移転純資産の簿価純資産価額（「控除した金
　　額」と規定されていることから，0が下限となる。）
（注1）分割型分割の日以前6か月以内に仮決算による中間申告書を提出し，かつ，その
　　　提出の日から分割型分割の日までの間に確定申告書を提出していなかった場合には，
　　　中間申告書に係る期間（事業年度開始の日以後6か月の期間）終了の時の簿価純資
　　　産価額が上記イの金額になります。
（注2）「当該分割型分割の直前の資本金等の額が零以下である場合には零と，当該分割型
　　　分割の直前の資本金等の額及びロに掲げる金額が零を超え，かつ，イに掲げる金額
　　　が零以下である場合には1とし，当該割合に小数点以下3位未満の端数があるとき
　　　はこれを切り上げる。」と規定されていることから，以下のように取り扱われます。
　　　・分割法人の分割型分割の直前の資本金等の額が0以下である場合には，分割移転
　　　　割合は0になります。
　　　・分割法人の分割型分割の直前の資本金等の額及び分子の金額が0を超え，かつ，
　　　　分母の金額が0以下である場合には，分割移転割合は1になります。

- $\dfrac{\text{ロ}}{\text{イ}}$（分割移転割合）は小数点以下第 3 位未満の端数を切り上げて計算します。

（注 3 ）法人税法施行令23条 1 項 2 号ロにおいて，「（当該金額がイに掲げる金額を超える場合（イに掲げる金額が零に満たない場合を除く。）には，イに掲げる金額)」と規定されているため，分割移転割合が 1 を超えるときは，分割移転割合を 1 として計算します。ただし，分子が 0 以下である場合には分割移転割合は 0 になります。

このように，移転純資産の簿価純資産価額（ロ）が分割法人の簿価純資産価額（イ）よりも大きい場合，具体的には分割型分割により分割法人が債務超過になる場合には，分割移転割合が 1 を超えることから，分割移転割合を 1 とみなして計算します。

しかしながら，分割前における分割法人の資本金等の額が 0 以下である場合には，「当該金額がイに掲げる金額を超える場合（イに掲げる金額が零に満たない場合を除く。）には，イに掲げる金額」とする法人税法施行令23条 1 項 2 号ロ及び所得税法施行令61条 2 項 2 号ロの規定よりも，「当該分割型分割の直前の資本金等の額が零以下である場合には零」とする同号柱書の規定が優先されるため，分割移転割合を 0 とみなして計算します。

ただし，条文上，分割前にすでに分割法人が債務超過である場合には，Ｑ 3 - 3 で解説した内容が優先されるため，ご留意ください。

（2）株式譲渡損益の計算

分割法人の株主が金銭等の交付を受けたときは，株式譲渡損益の計算を行う必要があります。この場合には，上記と同様に，分割移転割合が 1 となる場合には，分割法人株式の帳簿価額の全額が譲渡原価となります（法法61の 2 ④，法令119の 8 ①，23①二，措法37の10③二，所令113③，61②二）。その結果，分割後の分割法人株式の帳簿価額は 0 になります（法令119の 3 ㉑，所令113③）。

なお，分割法人の株主が金銭等の交付を受けていないときは，株式譲渡損益を計算する必要はありません。

<h2>Q3-18 適格分割型分割に該当した場合（分割後に債務超過になる場合）</h2>

資産超過である分割法人が，分割型分割を行ったことにより債務超過になる場合には，税務上，特殊な論点はありますか。

なお，本件分割型分割は，適格分割型分割に該当する予定です。

A3-18

分割法人が債務超過になる適格分割型分割を行った場合には，分割法人の資本金等の額が0以下であるときを除き，分割法人の資本金等の額の全額を分割承継法人が引き継ぎます。

そして，分割法人の株主も，分割法人株式の帳簿価額の全額を分割承継法人株式の帳簿価額に付け替えます。

解説

1．分割法人の税務処理

分割型分割の結果，分割法人が債務超過になったとしても，分割型分割における基本的な取扱いは変わりません。ただし，分割法人が債務超過になる場合には，分割法人において減算すべき資本金等の額及び利益積立金額の計算に特徴があります。

すなわち，分割型分割の結果，減少する資本金等の額及び利益積立金額について，以下のように規定されています（法令8①十五，9十）。

> 減算すべき資本金等の額の計算
>
> 減算すべき資本金等の額＝分割法人の分割型分割の直前の資本金等の額 $\times \dfrac{\text{ロ}}{\text{イ}}$

イ＝分割法人の分割型分割の日の属する事業年度の前事業年度終了の時の簿価純資産価額（当該前事業年度終了の時から当該分割型分割の直前の時までの間に資本金等の額または利益積立金額（法人税法施行令9条1号に掲げる金額を除く。）が増加し，または減少した場合には，その増減後の金額）

ロ＝分割法人の分割型分割の直前の移転純資産の簿価純資産価額（「控除した金額」と規定されていることから，0が下限となる。）

（注1）分割型分割の日以前6か月以内に仮決算による中間申告書を提出し，かつ，その提出の日から分割型分割の日までの間に確定申告書を提出していなかった場合には，中間申告書に係る期間（事業年度開始の日以後6か月の期間）終了の時の簿価純資産価額が上記イの金額となります。

（注2）「当該直前の資本金等の額が零以下である場合には零と，当該直前の資本金等の額及びロに掲げる金額が零を超え，かつ，イに掲げる金額が零以下である場合には1とし，当該割合に小数点以下3位未満の端数があるときはこれを切り上げる。」と規定されていることから，以下のように取り扱われます。

- 分割法人の分割型分割の直前の資本金等の額が0以下である場合には，分割移転割合は0になります。
- 分割法人の分割型分割の直前の資本金等の額及び分子の金額が0を超え，かつ，分母の金額が0以下である場合には，分割移転割合は1になります。
- $\dfrac{ロ}{イ}$（分割移転割合）は小数点以下第3位未満の端数を切り上げて計算します。

（注3）法人税法施行令8条1項15号ロにおいて，「当該金額がイに掲げる金額を超える場合（イに掲げる金額が零に満たない場合を除く。）には，イに掲げる金額」と規定されているため，分割移転割合が1を超えるときは，分割移転割合を1として計算します。ただし，分子が0以下である場合には分割移転割合は0になります。

減算すべき利益積立金額の計算

減算すべき利益積立金額
＝移転資産及び負債の簿価純資産価額－減算すべき資本金等の額

すなわち，分割型分割の結果，分割法人が簿価ベースで債務超過になる場合には分割移転割合を1とみなして計算します。その結果，分割法人の資本金等の額の全額を減算し，それでも足りない部分は，利益積立金額を減算します。

そのため，分割前における分割法人の資本金等の額が100百万円であり，利益積立金額が500百万円である場合において，分割法人に移転する分割事業の簿価純資産価額が700百万円であるときは，以下の仕訳を行います。

【分割法人の仕訳】

（負　　　　債）	300百万円	（資　　　　産）	1,000百万円
（利益積立金額）	600百万円		
（承継法人株式）	100百万円		
（資本金等の額）	100百万円	（承継法人株式）	100百万円

　上記の仕訳の結果，分割後の分割法人の資本金等の額は０百万円となり，利益積立金額は△100百万円になります。なお，分割後の利益積立金額がマイナスになるという点については，法人税法施行令９条柱書において「減算」と規定されていることから，条文上，想定済みであると考えられます。

　しかしながら，分割前における分割法人の資本金等の額が０以下である場合には，「当該金額がイに掲げる金額を超える場合（イに掲げる金額が零に満たない場合を除く。）には，イに掲げる金額」とする同令８条１項15号ロの規定よりも，「当該直前の資本金等の額が零以下である場合には零」とする同号柱書の規定が優先されるため，分割移転割合を０とみなして計算します。

　そのため，分割前における分割法人の資本金等の額が△100百万円であり，利益積立金額が500百万円である場合において，分割法人に移転する分割事業の簿価純資産価額が700百万円であるときは，以下の仕訳を行います。

【分割法人の仕訳】
（負　　　　　債）	300百万円	（資　　　　　産）	1,000百万円
（利益積立金額）	700百万円		
（承継法人株式）	0百万円		
（資本金等の額）	0百万円	（承継法人株式）	0百万円

　ただし，条文上，分割前にすでに分割法人が債務超過である場合にはＱ３−４で解説した内容が優先されるため，ご留意ください。

２．分割承継法人の税務処理

　分割型分割の結果，分割法人が債務超過になったとしても，分割型分割における基本的な取扱いは変わりません。ただし，分割法人が債務超過になる場合には，分割承継法人において加算すべき資本金等の額及び利益積立金額の計算に特徴があります。

　この点については，法人税法施行令８条１項６号，９条３号において，増加する資本金等の額及び利益積立金額について規定されており，分割法人において減算すべき資本金等の額及び利益積立金額と一致しています。そのため，

「1．分割法人の税務処理」において解説した内容と変わりません。

3．分割法人の株主の税務処理

　分割型分割の結果，分割法人が債務超過になる場合であっても，分割型分割における基本的な取扱いは変わりません。ただし，分割法人の株主において，分割承継法人株式の帳簿価額に付け替えるべき金額について特徴があります。

　すなわち，分割承継法人株式に付け替えるべき分割法人株式の帳簿価額について，以下のように規定されています（法令119①六，119の8①，23①二，119の3㉑㉒，所令113①～③，61②二）。

分割承継法人株式に付け替える部分の計算

$$分割承継法人株式 = 分割型分割の直前における分割法人株式（旧株）の帳簿価額 \times \frac{ロ}{イ}$$

イ＝分割法人の分割型分割の日の属する事業年度の前事業年度終了の時の簿価純資産価額（当該前事業年度終了の時から当該分割型分割の直前の時までの間に資本金等の額または利益積立金額（法人税法施行令9条1号に掲げる金額を除く。）が増加し，または減少した場合には，その増減後の金額）

ロ＝分割法人の分割型分割の直前の移転純資産の簿価純資産価額（「控除した金額」と規定されていることから，0が下限となる。）

（注1）　分割型分割の日以前6か月以内に仮決算による中間申告書を提出し，かつ，その提出の日から分割型分割の日までの間に確定申告書を提出していなかった場合には，中間申告書に係る期間（事業年度開始の日以後6か月の期間）終了の時の簿価純資産価額が上記イの金額になります。

（注2）　「当該分割型分割の直前の資本金等の額が零以下である場合には零と，当該分割型分割の直前の資本金等の額及びロに掲げる金額が零を超え，かつ，イに掲げる金額が零以下である場合には1とし，当該割合に小数点以下3位未満の端数があるときはこれを切り上げる。」と規定されていることから，以下のように取り扱われます。

　・分割法人の分割型分割の直前の資本金等の額が0以下である場合には，分割移転割合は0になります。

　・分割法人の分割型分割の直前の資本金等の額及び分子の金額が0を超え，かつ，分母の金額が0以下である場合には，分割移転割合は1になります。

　・$\frac{ロ}{イ}$（分割移転割合）は小数点以下第3位未満の端数を切り上げて計算します。

（注3）　法人税法施行令23条1項2号ロにおいて，「（当該金額がイに掲げる金額を超える場合（イに掲げる金額が零に満たない場合を除く。）には，イに掲げる金額）」と規定されているため，分割移転割合が1を超えるときは，分割移転割合を1として計

算します。ただし，分子が0以下である場合には分割移転割合は0になります。

　すなわち，分割型分割の結果，分割法人が簿価ベースで債務超過になる場合には，分割移転割合を1とみなして計算します。その結果，分割法人株式の帳簿価額の全額を分割承継法人株式の帳簿価額に付け替えます。

　しかしながら，分割前における分割法人の資本金等の額が0以下である場合には，「当該金額がイに掲げる金額を超える場合（イに掲げる金額が零に満たない場合を除く。）には，イに掲げる金額」とする法人税法施行令23条1項2号ロ及び所得税法施行令61条2項2号ロの規定よりも，「当該分割型分割の直前の資本金等の額が零以下である場合には零」とする同号柱書の規定が優先されるため，分割移転割合を0とみなして計算します。その結果，分割承継法人株式の帳簿価額に付け替えるべき金額は0になります。

　ただし，条文上，分割前にすでに分割法人が債務超過である場合にはQ3-4で解説した内容が優先されるため，ご留意ください。

Q3-19 適格分割型分割後に分割法人が解散した場合（債務免除益との相殺）

　私（以下「甲氏」という。）が発行済株式総数の70％を保有し，甲氏の子（乙氏）が30％を保有する A 社を分割法人とする単独新設分割型分割により B 社を設立した後に，分割法人を解散することを予定しています。

　なお，分割型分割を行う前に A 社は債務超過ではありませんが，本件分割型分割により債務超過額を作り出すことができるため，甲氏から A 社に対する貸付金のすべてを放棄することを予定しています。これは，相続税対策の一環として，甲氏の相続財産から貸付金を除外することを目的にしています。

　このような分割型分割を行っても，税務上，特に問題はないでしょうか。

A3-19

　乙氏が取得する B 社株式の時価が分割前の A 社株式の時価よりも高くなる場合には，贈与税の問題が生じます。また，A 社において債務免除益課税は生じないと思われますが，異なる解釈も可能であるため，ご留意ください。

解説

1．税制適格要件の判定

　平成29年度税制改正により分割型分割における支配関係継続要件の考え方が変わり，分割前の分割法人の支配株主（親族を含む。）によって分割承継法人の発行済株式の全部を継続して保有することが見込まれていれば，100％グループ内の分割型分割に該当することになりました（法令4の3⑥二ハ⑴）。そのため，分割法人の支配株主によって分割法人の発行済株式の全部を継続して保有することが見込まれている必要はないことから，分割法人が解散したとしても100％グループ内の分割に該当するかどうかの判定には影響を与えません。

　したがって，ご質問のケースは，100％グループ内の適格分割型分割に該当

すると考えられます。

2．乙氏の税務処理

　ご質問のケースでは，分割型分割の結果，分割法人 A 社が債務超過になることから，乙氏が取得する B 社株式の時価が分割前の A 社株式の時価よりも高くなる可能性が高いと思われます。

　このような場合には，分割法人に対して債権放棄を行った甲氏から，分割承継法人の株主である乙氏に対する贈与が行われたと考えることができます。そのため，乙氏において贈与税の議論が生じます。

3．A 社の税務処理

　Q 3-18で解説したように，分割法人が債務超過になる適格分割型分割を行った場合には，分割法人の資本金等の額が 0 以下であるときを除き，分割法人の資本金等の額の全額を分割承継法人に引き継ぎます。

　そのため，分割後に分割法人が債務超過になる場合には，マイナスの利益積立金額を作り出すことが可能になります。そして，Q 6-5 で解説するように，解散の日の翌日以後の事業年度では，残余財産がないと見込まれる場合には，特例欠損金（期限切れ欠損金）と債務免除益を相殺することが可能になります。

　この場合における特例欠損金の損金算入額は，「適用年度終了の時における前事業年度以前の事業年度から繰り越された欠損金額の合計額」から繰越欠損金額を控除した金額とされています（法令117の5）。そして，「適用年度終了の時における前事業年度以前の事業年度から繰り越された欠損金額の合計額」とは，適用年度の前事業年度の法人税確定申告書に添付する別表五(一)「利益積立金額及び資本金等の額の計算に関する明細書」に差引翌期首現在利益積立金額の合計額として記載されるべき金額で，当該金額が負（マイナス）である場合の当該金額をいいます（法基通12-3-2）。

　すなわち，マイナスの利益積立金額を作り出すことにより，債務免除益と特例欠損金とを相殺することが可能になります。具体的には，以下の事例をご参

照ください。

具体例　債務免除を目的とした適格分割型分割 ─────────────

(前提条件)

- A社の保有する資産及び負債の状況は以下のとおりです。

（単位：百万円）

科目	簿価	時価	科目	簿価	時価
資産	800	800	負債	400	400
			資本金等の額	100	100
			利益積立金額	300	300
合計	800	800	合計	800	800

- A社を分割法人とし，B社を分割承継法人とする新設分割型分割を行い，A社の保有する資産及び負債をB社に移転します。分割後のA社及びB社の状況は以下のとおりです。

A社の貸借対照表　　　　（単位：百万円）

科目	簿価	時価	科目	簿価	時価
資産	0	0	負債	400	400
			資本金等の額	0	0
			利益積立金額	△400	△400
合計	0	0	合計	0	0

B社の貸借対照表　　　　（単位：百万円）

科目	簿価	時価	科目	簿価	時価
資産	800	800	負債	0	0
			資本金等の額	100	100
			利益積立金額	700	700
合計	800	800	合計	800	800

160

■スキーム図
［現　状］

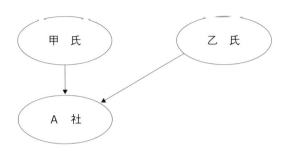

［ステップ１：新設分割型分割］

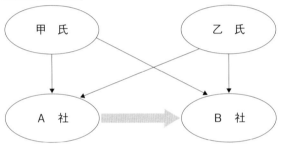

［ステップ２：解散］

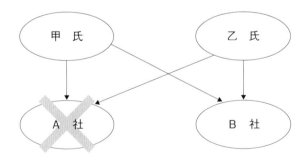

　本事案では，分割後のＡ社の貸借対照表を見ると，簿価ベースでも，時価ベースでも債務超過になっています。すなわち，分割型分割後に解散を行った場合には，Ａ社の残余財産が存在しないことから，Ａ社において発生する債務免除益と特例欠損金を相殺することができるように思います。しかしながら，

　ご質問のケースのように，適格分割型分割により，分割法人の利益積立金額の
マイナスが増加する場合にも同様に処理することができるかが問題になります。
　なぜなら，法人税法 2 条19号では，欠損金額の定義を「各事業年度の所得の
金額の計算上当該事業年度の損金の額が当該事業年度の益金の額を超える場合
におけるその超える部分の金額をいう。」と規定しており，同法59条 4 項では，
「その清算中に終了する事業年度前の各事業年度において生じた欠損金額を基
礎として政令で定めるところにより計算した金額に相当する金額」を損金の額
に算入すると規定し，同法施行令117条の 5 では，「政令で定めるところにより
計算した金額に相当する金額」とは，「適用年度終了の時における前事業年度
以前の事業年度から繰り越された欠損金額の合計額」から同法57条 1 項の規定
により適用年度の所得の金額の計算上損金の額に算入される欠損金額を控除し
た金額であると規定しています。
　すなわち，法人税法の条文上は，過去の事業年度の欠損金額の積み重ねによ
り，特例欠損金の金額を算定するようにも読め，法人税基本通達12－ 3 － 2 は，
このような計算をすることが不可能であるために，簡便計算を認めたものと解
することもできます。さらに，法人税法上，適格分割型分割により，同法 2 条
に規定する欠損金額，同法59条に規定する特例欠損金を増加させる旨の規定は
存在しません。このように解した場合には，適格分割型分割により利益積立金
額のマイナスを増加させたとしても，当該増加させた部分の金額について，特
例欠損金として認めないという解釈もあり得ます。
　しかしながら，平成22年度税制改正，平成23年度税制改正では，残余財産が
ないにもかかわらず税額が発生することのないように措置されたものと解され
るため（『平成23年版改正税法のすべて』277頁参照），このような通達の縮小
解釈による否認は租税回避が明らかな場合に限るべきであると思われます。
　そのため，ご質問のケースでは，適格分割型分割により増加した利益積立金
額のマイナスと債務免除益とを相殺することができると思われますが，異なる
解釈も可能であるため，実務上，慎重な対応が必要になります。

162

Q3-20 適格分割型分割後に分割法人が解散した場合（資産譲渡益との相殺）

弊社（以下，「P社」という。）の100％子会社であるA社を分割法人とする単独新設分割型分割によりB社を設立した後に，分割法人を解散することを予定しています。

なお，分割型分割を行う前にA社は債務超過ではありませんが，本件分割型分割により債務超過額を作り出すことができるため，A社が保有する資産の譲渡益と特例欠損金（期限切れ欠損金）とを相殺することを目的にしています。

このような分割型分割を行っても，税務上，特に問題ないでしょうか。

A3-20

A社を清算したことにより，P社で貸倒損失が発生する場合には，寄附金に該当します。

さらに，A社が保有する資産の譲渡益と分割型分割により増加した利益積立金額のマイナスとを相殺することはできません。

解説

1．税制適格要件の判定

Q3-19で解説したように，平成29年度税制改正により，分割型分割における支配関係継続要件の考え方が変わり，分割前の分割法人の支配株主によって，分割承継法人の発行済株式の全部を継続して保有することが見込まれていれば，100％グループ内の分割型分割に該当することになりました（法令4の3⑥二ハ(1)）。そのため，分割法人の支配株主によって，分割法人の発行済株式の全部を継続して保有することが見込まれている必要はないことから，分割法人が解散したとしても，100％グループ内の分割に該当するかどうかの判定には影響を与えません。

したがって，ご質問のケースは，100％グループ内の適格分割型分割に該当すると考えられます。

2．P社の税務処理

　法人税基本通達9－4－1では，子会社等の解散，経営権の譲渡等に伴い当該子会社等のために債務の引受けその他の損失負担または債権放棄等をした場合において，その損失負担等をしなければ今後より大きな損失を蒙ることになることが社会通念上明らかであると認められるため，やむを得ずその損失負担等をするに至った等，そのことについて相当な理由があると認められるときは，その損失負担等により供与する経済的利益の額は寄附金の額に該当しないものとする旨が規定されています。

　しかしながら，ご質問のケースでは，分割承継法人に資産超過部分を移転することにより，分割法人の債務超過が作り出されており，分割法人に対して債権放棄をしなければ，今後より大きな損失を蒙ることになっていたとは認められません。そのため，同通達の要件を満たすことができないことから，寄附金に該当すると考えられます。

　　※　ご質問のケースとは異なりますが，分割前における分割法人の債務超過額が400であり，分割後に500に増加するような場合であっても，分割法人の債務超過額を増加させることにより債権放棄額を増加させていることから，当該債権放棄に経済合理性は認められず，寄附金に該当すると考えられます。

3．A社の税務処理

　Q3-18で解説したように，分割法人が債務超過になる適格分割型分割を行った場合には，分割法人の資本金等の額が0以下であるときを除き，分割法人の資本金等の額の全額を分割承継法人に引き継ぎます。

　そのため，分割後に，分割法人が債務超過になる場合には，マイナスの利益積立金額を作り出すことが可能になります。そして，Q6-5で解説するように，解散の日の翌日以後の事業年度では，残余財産がないと見込まれる場合に

は，特例欠損金と債務免除益及び資産の譲渡益とを相殺することが可能になります。

　この場合における特例欠損金の損金算入額は，「適用年度終了の時における前事業年度以前の事業年度から繰り越された欠損金額の合計額」から繰越欠損金額を控除した金額とされています（法令117の５）。そして，「適用年度終了の時における前事業年度以前の事業年度から繰り越された欠損金額の合計額」とは，適用年度の前事業年度の法人税確定申告書に添付する別表五（一）「利益積立金額及び資本金等の額の計算に関する明細書」に差引翌期首現在利益積立金額の合計額として記載されるべき金額で，当該金額が負（マイナス）である場合の当該金額をいいます（法基通12-3-2）。

　すなわち，マイナスの利益積立金額を作り出すことにより，資産の譲渡益と特例欠損金とを相殺することが可能になります。具体的には，以下の事例をご参照ください。

具体例　**資産の譲渡益と特例欠損金の相殺** ━━━━━━━━━━━━━━━━━━━

前提条件

- A社の保有する資産及び負債の状況は以下のとおりです。

（単位：百万円）

科目	簿価	時価	科目	簿価	時価
資産	500	500	負債	400	400
土地	100	300	資本金等の額	100	100
			利益積立金額	100	300
合計	600	800	合計	600	800

- A社を分割法人とし，B社を分割承継法人とする新設分割型分割を行い，A社の保有する資産及び負債をB社に移転します。分割後のA社及びB社の状況は以下のとおりです。

A社の貸借対照表　　　　　　　（単位：百万円）

科目	簿価	時価	科目	簿価	時価
土地	100	300	負債	350	350
			資本金等の額	0	0
			利益積立金額	△250	△50
合計	100	300	合計	100	300

B社の貸借対照表　　　　　　　（単位：百万円）

科目	簿価	時価	科目	簿価	時価
資産	500	500	負債	50	50
			資本金等の額	100	100
			利益積立金額	350	350
合計	500	500	合計	500	500

• 分割型分割を行った後に，A社は解散決議を行い，A社の保有する土地を譲渡します。

■スキーム図
［現　状］

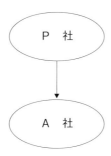

166

[ステップ1：新設分割型分割]

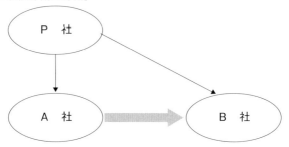

[ステップ2：解散]

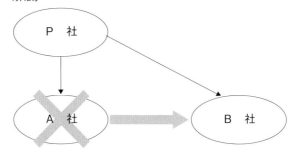

　本事案では，分割後のA社の貸借対照表を見ると，簿価ベースでも，時価ベースでも債務超過になっています。すなわち，分割型分割後に解散を行った場合には，A社の残余財産が存在しないことから，A社において発生する資産の譲渡益と特例欠損金とを相殺することができます。そのため，A社が譲渡を予定している資産に含み益があり，当該資産の譲渡益が課税されないようにするために，このようなスキームが悪用されることが想定されます。また，上記のように，分割後の残余財産の額がゼロになるように分割型分割を行えば，理論的には，どのようなケースであっても，譲渡益が課税されないようにすることができます。

　しかしながら，Ｑ3-19で解説したように，欠損金額の定義が，「各事業年度の所得の金額の計算上当該事業年度の損金の額が当該事業年度の益金の額を超える場合におけるその超える部分の金額をいう。」（法法２十九）とされており，法人税基本通達12－3－2は分割法人を債務超過会社にするような分割型分割

により創出されたマイナスの利益積立金額を含めた上で特例欠損金とすることまでは認めていないと考えられます。そのため，税務調査において，特例欠損金を構成しないものとして否認を受ける可能性があります。

第4章

株式交換

1　株式交換完全子法人が債務超過の場合

Q4-1　会社法上の手続き（債務超過会社を株式交換完全子法人とする株式交換）

　会社法上，債務超過会社を株式交換完全子法人とする株式交換を行った場合には，資産超過会社を株式交換完全子法人とする株式交換と異なる論点はありますか。

A4-1
　株式交換完全子法人が債務超過であったとしても，特段の論点はありません。

解説

　会社法上，株式交換完全子法人が債務超過である株式交換を行うことは可能であると考えられています。これは，簿価純資産価額が債務超過である場合だけでなく，時価純資産価額が債務超過である場合であっても同様です（相澤哲ほか『論点解説　新・会社法』675頁（商事法務，平成18年））。そして，Q1-1で解説した合併と異なり，株式交換完全子法人の簿価純資産価額が債務超過であったとしても，株主総会における取締役の説明責任は特に課されていません。
　さらに，Q1-1で解説したように，被合併法人が債務超過である場合には，

簡易合併を行うことができないという論点がありました。しかし，株式交換を行った場合には，「株式交換完全親株式会社が株式交換完全子会社の株主に対して交付する金銭等（株式交換完全親株式会社の株式等を除く。）の帳簿価額が株式交換完全親株式会社が取得する株式交換完全子会社の株式の額として法務省令で定める額を超える場合」に簡易株式交換を行うことができないと規定されています（会社法796②但書，795②三）。

　そのため，債務超過会社を株式交換完全子法人とする株式交換を行ったとしても，株式交換完全子法人の株主に対して，株式交換完全親法人株式以外の資産が交付されない場合には，簡易株式交換を行うことができると考えられます。

　　※　交付する株式交換完全親法人株式が譲渡制限株式であり，かつ，株式交換完全親法人が公開会社でないときは，資産超過会社を株式交換完全子法人とする株式交換であっても簡易株式交換を行うことはできません（会社法796①但書）。

　　※　持分会社を株式交換完全子法人とする株式交換を行うことはできません（会社法2三十一）。

Q4-2　会計上の取扱い（債務超過会社を株式交換完全子法人とする株式交換）

弊社（以下，「P社」という。）を株式交換完全親法人とし，90％子会社であるA社を株式交換完全子法人とする株式交換を予定しています。なお，A社は債務超過ですが，A社の少数株主に対して，A社株式の時価を旧額面金額とみなしたうえで，P社株式を交付する予定です。

この場合における会計上の受入処理を教えてください。

A4-2

株式交換により取得するA社株式の取得原価は，取得の対価に取得に直接に要した支出額を加算して算定します（結合基準45，結合指針236）。

そのため，株式交換完全子法人が債務超過会社であることを理由とした特段の論点はありません。

解説

企業結合に関する会計基準45項では，「非支配株主から追加取得する子会社株式の取得原価は，追加取得時における当該株式の時価とその対価となる財の時価のうち，より高い信頼性をもって測定可能な時価で算定する」と規定されています。

そのため，A社が債務超過であったとしても，交付したP社株式の時価によりA社株式の取得価額を算定することから，A社が債務超過であることによる特段の論点はありません。ただし，取得したA社株式について，有価証券評価損を計上すべきかどうかは，別途，検討が必要になります。

※　株式交換完全親法人が，株式交換完全子法人の簿価純資産価額を基礎に株式交換完全子法人株式の取得価額を算定する場合はあり得ますが，実務上，極めて稀であると思われます。なお，このような場合の会計処理については，Q5-2をご参照ください。

172

Q4-3 税務上の取扱い（債務超過会社を株式交換完全子法人とする株式交換）

> 弊社（以下，「P社」という。）を株式交換完全親法人とし，90％子会社であるA社を株式交換完全子法人とする株式交換を予定しています。なお，A社は債務超過ですが，A社の少数株主に対して，A社株式の時価を旧額面金額とみなしたうえで，P社株式を交付する予定です。
>
> この場合において，税務上，特段の論点はありますか。

A4-3

適格株式交換等に該当する場合において，株式交換により取得するA社株式の取得価額は，A社の株主が50人以上である場合にはA社の簿価純資産価額，A社の株主が50人未満である場合にはA社株式の帳簿価額を基礎に算定します（法令119①十）。そして，簿価純資産価額の計算上，マイナスの概念が認められています。

そのため，株式交換完全子法人が債務超過会社であることを理由とした特段の論点はありません。

解説

1．税制適格要件の判定

Q1-6で解説した合併と同様に，債務超過会社を株式交換完全子法人とする株式交換を行った場合であっても，税制適格要件の判定方法は変わりません。しかし，無対価株式交換を行った場合には，次頁のような特殊な事案を除き，非適格株式交換等として取り扱われます（法法２十二の十七，法令４の３⑱〜⑳）。

ご質問のケースでは，株式交換完全親法人株式を交付していることから，従業者引継要件及び事業継続要件を満たす場合には，適格株式交換等に該当します。以下，適格株式交換等に該当すると仮定して解説を行います。

【税制適格要件を満たす無対価株式交換】

（1）100％グループ内の適格株式交換等

①　当事者間の完全支配関係がある場合

　無対価株式交換を行った場合には，100％グループ内の適格株式交換等には該当しません。

②　同一の者による完全支配関係がある場合

　株式交換完全親法人と株式交換完全子法人の株主構成が同一の場合

（2）50％超100％未満グループ内の適格株式交換等

①　当事者間の支配関係がある場合

　株式交換完全親法人と株式交換完全子法人の株主構成が同一の場合

②　同一の者による支配関係がある場合

　株式交換完全親法人と株式交換完全子法人の株主構成が同一の場合

（3）共同事業を行うための適格株式交換等

　株式交換完全親法人と株式交換完全子法人の株主構成が同一の場合

2．受入処理

　法人税法施行令119条 1 項10号では，適格株式交換等を行った場合の受入処理について，以下のように規定されています。

> ①　適格株式交換等の直前における株式交換完全子法人の株主数が50人未満である場合
> 　株式交換完全子法人の株主が有していた株式交換完全子法人株式の適格株式交換等の直前の帳簿価額に相当する金額の合計額
> ②　適格株式交換等の直前における株式交換完全子法人の株主数が50人以

> 上である場合
>
> 　株式交換完全子法人の適格株式交換等の日の属する事業年度の前事業年度終了の時における資産の帳簿価額から負債の帳簿価額を減算した金額

> ※　厳密には，株式交換完全子法人株式の取得をするために要した費用がある場合には，その費用の額を加算します。

> ※　仮決算により中間申告をしている場合，前事業年度終了の時から適格株式交換等の直前の時までに資本金等の額または利益積立金額が増減している場合の特例がそれぞれ定められていますが，本書では詳細な解説は省略します。

　このため，株式交換完全子法人の株主が50人未満である場合には，株式交換完全子法人が債務超過であることによる特段の論点はありません。これに対し，株式交換完全子法人の株主が50人以上である場合には，株式交換完全子法人の簿価純資産価額を基礎に計算することから，株式交換完全子法人が債務超過であることによる影響があるように思えます。しかし，「控除」ではなく「減算」と規定されていることから，例えば，株式交換完全子法人の簿価純資産価額が△100百万円である場合において，株式交換の直前に，株式交換完全親法人が株式交換完全子法人株式を90％保有しているときは，株式交換完全子法人株式の受入価額を△10百万円（＝△100百万円×10％）として計算します。さらに，法人税法施行令8条に規定されている資本金等の額についてもマイナスの金額を加算するという概念が導入されています。そのため，株式交換完全子法人の株主が50人以上である場合であっても，株式交換完全子法人が債務超過であることによる特段の論点はありません。

【株式交換完全親法人の仕訳】
　（A　社　株　式）　　　　　△10百万円　（資本金等の額）　　　　　　△10百万円

3．株主間贈与の問題点

　ご質問のケースでは軽微な金額になると思いますが，一般的に，株式交換完全子法人が債務超過であるにもかかわらず，株式交換完全親法人株式を交付する株式交換を行った場合には，Q1-12で解説したように株主間贈与の問題が

生じます。

　そして，前述のように，無対価株式交換を行った場合には非適格株式交換等に該当してしまいます。これに対し，Q 7 - 8 で解説するように，無対価スクイーズアウトを行った場合には，無対価株式交換を行った場合と異なり，当然に，非適格株式交換等に該当するわけではありません。

　そのため，税務上の問題のみを考慮するならば，株式交換ではなく，スクイーズアウトの手法を選択することをお勧めします。

2 株式交換完全親法人が債務超過の場合

Q4-4 株式交換完全親法人が債務超過の場合における取扱い

株式交換完全親法人が債務超過である場合には，会社法，会計及び税務上，特殊な論点はありますか。

A4-4

株式交換完全親法人が債務超過であったとしても，特段の論点はありません。

解説

Q4-2，Q4-3で解説したように，株式交換完全子法人が債務超過である場合には，会計及び税務上，特殊な論点が存在します。

これに対し，株式交換完全親法人が債務超過である場合には，特段の論点はありません。強いていえば，株式交換により交付される株式交換完全親法人株式がかなりの株式数になる可能性があるという点が挙げられます。そして，株式交換対価の額が株式交換完全親法人の純資産額の5分の1を超えることが多いと思われるため，一般的に，株式交換完全親法人が簡易株式交換を行うことができません（会社法796②参照）。

そして，会計及び税務上は，株式交換完全子法人株式をどのように受け入れるのかが問題となるため，株式交換完全親法人が債務超過であることによる特殊な論点はありません。そのため，Q4-3で解説したように，不平等な交換比率に基づいて株式交換をしたことによる株主間贈与のみが問題になります。

第5章

株式移転

Q5-1 会社法上の手続き（債務超過会社を株式移転完全子法人とする株式移転）

会社法上，債務超過会社を株式移転完全子法人とする株式移転を行った場合には，資産超過会社を株式移転完全子法人とする株式移転と異なる論点はありますか。

A5-1

株式移転完全子法人が債務超過であったとしても，特段の論点はありません。

解説

会社法上，株式移転完全子法人が債務超過である株式移転を行うことは可能であると考えられています。これは，簿価純資産価額が債務超過である場合だけでなく，時価純資産価額が債務超過である場合であっても同様です（相澤哲ほか『論点解説 新・会社法』675頁（商事法務，平成18年）参照）。そして，Q1-1で解説した合併と異なり，株式移転完全子法人の簿価純資産価額が債務超過であったとしても，株主総会における取締役の説明責任は特に課されていません。

さらに，Q1-1で解説したように，被合併法人が債務超過である場合には，簡易合併を行うことができないという論点がありました。しかし，株式移転に

178

は，そもそも簡易株式移転の制度が認められていません。

　そのため，債務超過会社を株式移転完全子法人とする株式移転を行ったとしても，資産超過会社を株式移転完全子法人とする株式移転と何ら会社法上の手続きは変わりません。

　　※　持分会社を株式移転完全子法人とする株式移転を行うことはできません（会社法2三十二）。

Q5-2　会計上の取扱い（債務超過会社を株式移転完全子法人とする株式移転）

　弊社（以下，「A社」という。）を株式移転完全子法人とし，グループ外のB社を他の株式移転完全子法人とする株式移転により，P社を設立することを予定しています。企業結合会計では，本件株式移転は，A社が取得企業になると考えています。なお，A社及びB社のいずれも債務超過会社です。

　この場合における会計上の受入処理を教えてください。

A5-2

　株式移転により取得するB社株式の取得原価は，取得の対価に取得に直接に要した支出額を加算して算定します（結合指針121）。これに対し，A社株式の取得価額は，「組織再編により生じた株式の特別勘定」等，適切な科目をもって負債に計上することになります（計規12）。

解説

　ご質問のケースのように，株式移転が取得に該当する場合において，被取得企業である株式移転完全子法人（B社）が債務超過会社であるときは，Q4-2で解説したように，株式移転完全子法人株式の取得価額を，株式移転対価資産の時価を基礎に算定することから，債務超過会社特有の論点はありません（結合指針121）。

　これに対し，取得企業である株式移転完全子法人（A社）が債務超過会社である場合には，株式移転完全子法人株式の取得価額を，当該株式移転完全子法人の適正な帳簿価額による株主資本の額に基づいて算定することから，当該株式移転完全子法人株式の取得価額がマイナスになることもあり得ます。

　このような場合には，会社計算規則12条に従い，株式移転完全子法人株式の取得価額を0とした上で，「組織再編により生じた株式の特別勘定」等，適切

な科目をもって負債に計上します。さらに，株主資本の額が増加せず，逆に減少することから，その他利益剰余金のマイナスとして処理します（計規52②）。

【株式移転完全親法人における仕訳】

（利 益 剰 余 金）　　　×××百万円　（特 別 勘 定）　　　×××百万円

　なお，株式移転完全子法人株式の取得価額を，当該株式移転完全子法人の適正な帳簿価額による株主資本の額に基づいて算定するケースとしては，上記の取得に該当する場合のほか，共通支配下の取引等に該当する場合，共同支配企業の形成に該当する場合などが考えられます。

Q5-3　税務上の取扱い（債務超過会社を株式移転完全子法人とする株式移転）

私（以下,「甲氏」という。）が発行済株式の全部を保有するA社を株式移転完全子法人とし,甲氏の親族が発行済株式の全部を保有するB社を他の株式移転完全子法人とする株式移転により,P社を設立することを予定しています。なお,本件株式移転は,適格株式移転に該当します。このうち,A社は資産超過会社ですが,B社は債務超過会社です。

この場合において,税務上の留意点はありますか。

A5-3

適格株式移転に該当する場合において,株式移転により取得するB社株式の取得価額は,B社の株主が50人以上である場合にはB社の簿価純資産価額,B社の株主が50人未満である場合にはB社株式の帳簿価額を基礎に算定します（法令119①十二）。そして,簿価純資産価額の計算上,マイナスの概念が認められています。

そのため,株式移転完全子法人が債務超過会社であることを理由とした特段の論点はありません。

解説

1. 税制適格要件の判定

債務超過会社を株式移転完全子法人とする株式移転を行った場合であっても,税制適格要件の判定方法は変わりません。そして,会社法上,無対価株式移転を行うことはできないため,無対価株式移転についての論点はありません。

2. 受入処理

法人税法施行令119条1項12号では,適格株式移転における受入処理について,以下のように規定されています。

① 適格株式移転の直前における株式移転完全子法人の株主数が50人未満
である場合
株式移転完全子法人の株主が有していた株式移転完全子法人株式の適格
株式移転の直前の帳簿価額に相当する金額の合計額
② 適格株式移転の直前における株式移転完全子法人の株主数が50人以上
である場合
株式移転完全子法人の適格株式移転の日の属する事業年度の前事業年度
終了の時における資産の帳簿価額から負債の帳簿価額を減算した金額

※ 厳密には，株式移転完全子法人株式の取得をするために要した費用がある場合には，
その費用の額を加算します。
※ 仮決算により中間申告をしている場合，前事業年度終了の時から適格株式移転の直
前の時までに資本金等の額または利益積立金額が増減している場合の特例がそれぞれ
定められていますが，本書では詳細な解説は省略します。

このため，株式移転完全子法人の株主が50人未満である場合には，株式移転
完全子法人が債務超過であることによる特段の論点はありません。これに対し，
株式移転完全子法人の株主が50人以上である場合には，株式移転完全子法人の
簿価純資産価額を基礎に計算することから，株式移転完全子法人が債務超過で
あることによる影響があるように思えます。しかし，「控除」ではなく「減
算」と規定されていることから，例えば，株式移転完全子法人の簿価純資産価
額が△100百万円である場合には，株式移転完全子法人株式の受入価額を△100
百万円として計算します。さらに，法人税法施行令8条に規定されている資本
金等の額についてもマイナスの金額を加算するという概念が導入されています。
そのため，株式移転完全子法人の株主が50人以上である場合であっても，株式
移転完全子法人が債務超過であることによる特段の論点はありません。

【株式移転完全親法人の仕訳】
（B 社 株 式） △100百万円 （資本金等の額） △100百万円

3．株主間贈与の問題点

　一般的に，株式移転完全子法人が債務超過であるにもかかわらず，株式移転完全親法人株式を交付する株式移転を行った場合には，Q1-12で解説したように，株主間贈与の問題が生じます。

第**6**章

子会社支援

1 完全支配関係がない場合

Q6-1 債権放棄（完全支配関係がない場合）

弊社（以下，「Ｐ社」という。）の90％子会社であるＡ社が債務超過であることから，当該Ａ社に対する貸付金の債権放棄を検討しています。

この場合における税務上の取扱いを教えてください。

A6-1

Ｐ社で発生した債権放棄損を損金の額に算入するためには，法人税基本通達9－4－2の要件を満たす必要があります。

さらに，Ａ社では債務免除益を益金の額に算入する必要があります。

解説

1．Ｐ社の税務処理

親会社が子会社に対して債権放棄を行った場合には，原則として，債権放棄により生じた損失について，寄附金として処理されます。そのため，損金算入限度額を超える金額を損金の額に算入することができません（法法37）。

これに対し，法人税基本通達9－4－2の要件を満たす場合には，子会社支

援損失として損金の額に算入することができます。

しかし，同通達の要件を満たすためのハードルは高いため，実務上は，Q
6-5で解説する第2会社方式を採用することが一般的です。

> ※ 法人税基本通達9-4-2を満たすためのハードルが極めて高いのは，法人税法37
> 条に規定する寄附金に対する行き過ぎた解釈をしている通達だからであると思われま
> す。そもそも，寄附金については，事業性がある支出なのか，それ以外の支出なのか
> が不明であるため，グレーなものを含めて寄附金として処理したうえで，一定の損金
> 算入限度額を認めるという枠組みになっています。すなわち，「経済合理性」という
> 判断は，寄附金の規定には考慮されていないはずです。この点は，同通達の導入の
> きっかけとなった清水惣事件（大阪高判昭和53年3月30日税務訴訟資料97号1160頁）
> の評釈として，水野忠恒教授が「寄付金の要件として，合理的な経済目的を考慮する
> ことは許されないであろう。そもそも取引の個別の事情により対処することをせず，
> そのかわりにいかなる場合であっても一定限度の損金算入を認めるというのが寄付金
> の規定の趣旨なのである。取引の経済目的を考慮することは先の納税者の主張するこ
> と以上に不明確なものとなり37条の趣旨に反するといわなければならない。結局，寄
> 付金の認定においても現行法上経済目的を考慮する余地はないのである。」（水野忠恒
> 「判批」ジュリスト686号159頁（昭和54年））と指摘されています。

2．A社の税務処理

法人税法上，債権放棄を受けた場合には，当該債権放棄により発生した債務
免除益については，益金の額に算入する必要があります。

Q6-2　増　資

弊社（以下，「P社」という。）の90％子会社であるA社が債務超過であることから，当該A社の第三者割当増資を引き受け，債務超過を解消する予定です。

この場合における税務上の取扱いを教えてください。

A6-2

増資により払い込まれた金銭の額はP社ではA社株式の帳簿価額に算入され，A社では資本金等の額に算入されます。P社でA社株式評価損を認識し，損金の額に算入することは難しいと思われます。

解説

1．P社の税務処理

親会社が赤字子会社に対して金銭出資を行った場合には，増資により払い込んだ金銭の額は，有価証券の取得価額となります（法令119①二）。なお，原則として，増資直後に，当該有価証券の取得価額に算入された金額を有価証券評価損として損金の額に算入することはできません。なぜなら，増資後に子会社の業績が悪化することにより，改めて，有価証券評価損を計上することができる事象に該当した場合に限り，有価証券評価損の計上が認められているからです（法基通9－1－12）。

2．A社の税務処理

法人税法上，増資により払い込まれた金銭の額を資本金等の額の増加額として取り扱います（法法2二十六，法令8①一）。その結果，増資を行った場合には，債権放棄を行った場合と異なり，債務免除益は発生しません。

なお，資本金等の額が増加することから，住民税均等割，事業税資本割が増

加することがあります。ただし，平成27年度税制改正により，資本金の額または資本準備金を減少させることにより欠損填補を行った場合には，住民税均等割，事業税資本割の計算上，当該欠損填補を行った金額を資本金等の額から控除することができるようになったため（Ｑ7-4，Ｑ7-5参照），事業年度末までに欠損填補を行い，住民税均等割，事業税資本割の負担を減らす必要があります。

　そのほか，増加した資本金の額に対して，登録免許税が課されるため，ご留意ください。

※　増資を行う前の赤字子会社の資本金の額が1億円以下であっても，増資を行うことにより，資本金の額が1億円を超えるようなケースが考えられます。そして，資本金の額が1億円を超えることにより，外形標準課税の適用対象になり，また，各種の中小企業に対する優遇税制の適用を受けることができなくなります。
　そのため，赤字子会社の増資を行う場合には，同時に無償減資を行うことにより，資本金の額を減らすことを検討することが一般的です。

Q6-3 DES（完全支配関係がない場合）

弊社（以下,「P社」という。）の90％子会社であるA社が債務超過であることから,当該A社に対してDES（デット・エクイティ・スワップ）を行い,債務超過を解消する予定です。

この場合における税務上の取扱いを教えてください。

A6-3..

ご質問のケースは非適格現物出資に該当するので,P社で現物出資損が発生し,A社で債務消滅益が発生します。

P社で発生した現物出資損を損金の額に算入するためには,法人税基本通達9-4-2の要件を満たす必要があります。

さらに,A社で発生した債務消滅益を益金の額に算入する必要があります。

解説..

1．P社の税務処理

DES（デット・エクイティ・スワップ）とは,赤字子会社に対する債権を当該赤字子会社に対して現物出資することをいいます。

そのため,当該現物出資が適格現物出資に該当するのか,非適格現物出資に該当するのかという点をまず検討する必要があります。そして,DESが事業の移転を伴わない現物出資であることから,完全支配関係が成立していない場合には,非適格現物出資に該当します。

非適格現物出資に該当した場合には,赤字子会社に対する債権が時価で譲渡されるため,P社において譲渡損益が発生します（法基通2-3-14）。そして,実務上,赤字子会社に対する支援のためにDESを行うことから,赤字子会社に対する債権の時価が帳簿価額を下回ることが一般的です。そのため,Q6-1で解説した債権放棄と同様に,現物出資損失が発生します。

　この現物出資損失を損金の額に算入することができるか否かは，寄附金の額に算入されるか否かにより判断されます。そのため，Ｑ6-1で解説した債権放棄と同様に，法人税基本通達9-4-2の要件を満たす場合には損金の額に算入することができ，要件を満たさない場合には，寄附金として損金算入限度額を超える金額について，損金の額に算入することが認められません。

２．A社の税務処理

　非適格現物出資に該当する場合には，親会社が保有する子会社に対する債権が時価で譲渡されます。そのため，例えば，額面金額100，時価10の債権を現物出資した場合には，税務上，以下の仕訳を行う必要があります。

【DESにおけるA社の仕訳】
（子会社貸付金）　　　　　　　10　（資本金等の額）　　　　　　　10

【混同による消滅におけるA社の仕訳】
（親会社借入金）　　　　　　100　（子会社貸付金）　　　　　　　10
　　　　　　　　　　　　　　　　　（債務消滅益）　　　　　　　90

　つまり，会計上，額面振替説により処理した場合には債務消滅益は発生しませんが，会計上で額面振替説により処理していたとしても，税務上は，非適格現物出資に該当する場合には時価振替説により処理することから，上記のような債務消滅益が発生してしまいます。

Q6-4　擬似DES

弊社（以下，「Ｐ社」という。）の90％子会社であるＡ社が債務超過であることから，当該Ａ社の第三者割当増資を引き受け，債務超過を解消する予定です。なお，増資により払い込んだ金銭は，Ｐ社からの借入金の弁済に充当される予定です。

この場合における税務上の取扱いを教えてください。

A6-4

Ｑ6-2で解説した第三者割当増資と同じ処理になります。

解 説

ご質問の手法は擬似DESといわれている手法であり，経済的効果はDESと変わりません。しかし，法手続きは第三者割当増資と変わらないため，法人税法上，Ｑ6-2で解説した第三者割当増資と同じ処理を行います。

Q6-5 第2会社方式（完全支配関係がない場合）

弊社（以下，「Ｐ社」という。）の90％子会社であるＡ社が債務超過であることから，新しくＢ社を設立し，Ａ社の資産のすべてをＢ社に譲渡した後に，Ａ社を特別清算する予定です。この際に，Ｐ社からＡ社に対する貸付金10億円のうち，7億円が貸し倒れることが見込まれています。

この場合における税務上の取扱いを教えてください。

A6-5

法人税法上，Ｐ社で発生した貸倒損失を損金の額に算入することができるかどうかは，法人税基本通達9－4－1の要件を満たすかどうかで判断します。

解説

1．第2会社方式の概要

ご質問の手法は，第2会社方式といわれている手法です。第2会社方式とは，事業譲渡または会社分割により，赤字子会社の資産とそれに相当する負債を受皿会社に対して譲渡し，残った赤字子会社の負債を清算手続きにより切り捨てさせる手法をいいます。

■第2会社方式

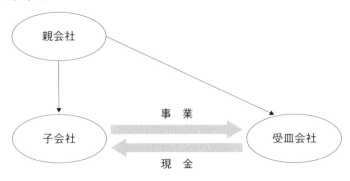

　この結果，新会社は債務超過が解消された状態でスタートすることができる
ため，赤字子会社に対する支援の方法の1つとして行われています。

2．親会社における税務処理

　親会社では，赤字子会社の清算に伴って，以下の3つの損失が発生します。
- 子会社株式に係る消却損失
- 子会社に対する売掛金，貸付金等に係る損失
- 子会社の借入金の債務引受けに係る損失

　このうち，売掛金，貸付金等に係る損失，債務引受けに係る損失が，法人税
法上，寄附金に該当した場合には，損金算入限度額を超える金額を損金の額に
算入することができません。そして，第2会社方式を採用する場合には，実務
上，和解型（対税型）の特別清算を利用することが多かったと思われますが，
かつて，和解型（対税型）の特別清算を利用した場合には，法人税基本通達9
－6－1⑵に該当するものとして処理していた事案が多かったように思われま
す。しかし，東京高判平成29年7月26日TAINSコードZ888-2132では，法人税
基本通達9－6－1⑵の適用を認めずに，同通達9－4－1で判断すべきもの
と判示しました。これは，同通達9－6－1⑵で直接的に規定されているのは
協定型（本来型）の特別清算であり，和解型（対税型）の特別清算ではないか
らです。

　そのため，法人税基本通達9－4－1の規定により，子会社の整理により生
じる損失の負担をしなければ，今後より大きな損失を蒙ることになることが社
会通念上明らかである場合にのみ損金の額に算入することができると考えられ
ます。この点につき，通常清算の事案ではありますが，『Q&A不良債権処理
の税務判断（東京国税局調査第一部調査審理課編）』175，176頁（ぎょうせい，
平成7年）では，第一会社（旧会社）と第二会社（新会社）との間に，持株関
係，商号，所在地，役員構成，従業員，資産内容，事業内容，事業形態などを
総合的に勘案して，同一性のない場合について法人税基本通達9－4－1の適

用を認め，同一性がある場合には適用を認めないものとされています。

　すなわち，子会社の事業を廃止する場合や経営権を譲渡する場合だけでなく，子会社の再生手段として第2会社方式を利用する場合であっても，第一会社（旧会社）と第二会社（新会社）との間に同一性がなければ，同通達9－4－1の適用を受けることができると考えられます。そして，東京高判平成29年7月26日により，通常清算であっても，特別清算（和解型）であっても，第2会社方式を採用した場合には，同通達9－4－1により判断することが明らかになったため，第一会社（旧会社）と第二会社（新会社）との間における同一性の排除は，かなり重要になったといえます。そのため，実務上，①社名を変更したり，②固定資産を受皿会社ではなく，親会社に譲渡したり，③従業員の退職金を打切支給したり，④従業員の整理解雇を行ったり，⑤役員構成を変えたりすることにより，同一性の排除を行う必要があると考えられます。

3．子会社における税務処理

(1) 債務免除益課税の取扱い

　解散を行った場合において，時価ベースで債務超過であるときは，残余財産の確定の日の属する事業年度において，債権者の債権が切り捨てられ，債務免除益が発生します。その結果，十分な繰越欠損金がない場合には，弁済できない債務の免除益に対して，法人税，住民税及び事業税の負担が発生してしまいます。

　これに対応するために，法人税法59条4項において，清算中に終了する事業年度前の各事業年度において生じた特例欠損金（期限切れ欠損金）について，損金の額に算入することが認められています。

　この場合における特例欠損金の損金算入額は，「適用年度終了の時における前事業年度以前の事業年度から繰り越された欠損金額の合計額」から繰越欠損金額を控除した金額とされています（法令117の5）。そして，「適用年度終了の時における前事業年度以前の事業年度から繰り越された欠損金額の合計額」とは，適用年度の前事業年度の法人税確定申告書に添付する別表五(一)「利益

積立金額及び資本金等の額の計算に関する明細書」に差引翌期首現在利益積立
金額の合計額として記載されるべき金額で，当該金額が負（マイナス）である
場合の当該金額をいいます（法基通12－3－2）。

別表五（一）

	I　利益積立金額の計算に関する明細書			
区分	期 首 現 在 利益積立金額	当期の増減		差引翌期首現在 利 益 積 立 金 額
		減	増	
	①	②	③	④
×××	××百万円	××百万円	××百万円	××百万円
小計	××百万円	××百万円	××百万円	××百万円
納税充当金	××百万円	××百万円	××百万円	××百万円
未納法人税等	××百万円	××百万円	××百万円	××百万円
差引合計額	××百万円	××百万円	××百万円	△1,000百万円

「適用年度の前事業年度以前の事業年度から ◀──────────
　繰り越された欠損金額の合計額」
　＝1,000百万円

　上記の結果，適用年度におけるマイナスの期首現在利益積立金額に相当する
金額が，繰越欠損金及び特例欠損金の合計額になります。そのため，資本金等
の額が0以上である場合には，①残余財産の確定の日の属する事業年度中にお
ける損失，②繰越欠損金，③特例欠損金の合計額から資本金等の額を控除した
金額と，債務の免除を受ける金額が一致するため，残余財産の確定の日の属す
る事業年度に，損金の額に算入することができない経費が多額に発生する場合
を除き，債務免除益による法人税，住民税及び事業税の負担は生じません。
　また，平成23年度税制改正前は，適用年度終了の時における資本金等の額が
マイナスである場合には，ほぼすべてのケースにおいて債務免除益課税が発生
していましたが，平成23年度税制改正により，適用年度終了の時におけるマイ
ナスの資本金等の額を特例欠損金に含める（加算する）ことになりました（法

令117の5）。その結果，残余財産の確定の日の属する事業年度に損金の額に算入することができない経費が発生する場合を除き，債務免除益課税が生じることはないと思われます。

（2）事業譲渡（または会社分割）と解散のタイミング

　前述のように，清算中に終了する事業年度では，特例欠損金を損金の額に算入することが認められています。そして，特例欠損金と相殺することができる益金の額に対する制限はないため，債務免除益により生じた益金の額だけでなく，資産の譲渡により生じた益金の額と特例欠損金とを相殺することができます。

　すなわち，事業譲渡（または会社分割）により，受皿会社に事業を移転する場合において，解散の日までに，事業譲渡（または会社分割）を行ったときは，譲渡益と特例欠損金とを相殺することができませんが，解散の日の翌日以降に，事業譲渡（または会社分割）を行ったときは，譲渡益と特例欠損金とを相殺することができるという違いがあります。

（3）その他の税目

　上記のほか，事業譲渡または会社分割により，資産及び負債を移転する場合には，消費税，不動産取得税，登録免許税，印紙税等の負担が発生し，受皿会社の設立により，登録免許税，印紙税の負担が発生します。

2　完全支配関係がある場合

Q6-6　債権放棄（完全支配関係がある場合）

> 弊社（以下，「P社」という。）の100％子会社であるA社が債務超過であることから，当該A社に対する貸付金の債権放棄を検討しています。
> この場合における税務上の取扱いを教えてください。

A6-6

法人税基本通達9−4−2の要件を満たさないと仮定すると，P社で発生した債権放棄損は寄附金として損金の額に算入されず，A社で発生した債務免除益も受贈益として益金の額に算入されません。

解説

Q6−1で解説したように，法人税基本通達9−4−2の要件を満たさない場合には，P社で発生した債権放棄損のうち損金算入限度額を超える部分の金額が寄附金として損金の額に算入されない一方で，A社で発生した債務免除益が益金の額に算入されてしまいます。

これに対し，法人による完全支配関係がある場合には，A社で発生した債務免除益は受贈益として益金の額に算入されません（法法25の2）。ただし，その場合には，P社で発生した債権放棄損の全額が寄附金として損金の額に算入されません（法法37②）。

なお，法人税基本通達9−4−2の要件を満たす場合には，P社で発生した債権放棄損が損金の額に算入され，A社で発生した債務免除益が益金の額に算入されます。

　※　A社が特定同族会社等の留保金課税の対象になる場合には，受贈益の益金不算入の

　規定により益金の額に算入されなかった金額であっても，留保金額を構成します（法法67③四）。

　しかし，留保控除額を計算する場合において，その事業年度終了の時における資本金の額の25%相当額から控除すべきその時における利益積立金額が負（マイナス）であるときは，当該資本金の額の25%相当額とその負（マイナス）の金額との差額に相当する金額により留保控除額を計算することとされています（法基通16－1－7）。すなわち，例えば，資本金の額の25%相当額が1,000万円で，利益積立金額が△500万円である場合には，留保控除額が1,500万円になります。そのため，債務免除益が留保金額を構成したとしても，留保控除額が留保金額を上回ることがほとんどであることから，特定同族会社等の留保金課税が課される事案はそれほど多くはないと思われます。

Q6-7 ┃ DES（完全支配関係がある場合）

> 　弊社（以下，「Ｐ社」という。）の100％子会社であるＡ社が債務超過で
> あることから，当該Ａ社に対して，DESを行い，債務超過を解消する予定
> です。なお，Ｐ社はＡ社の発行済株式の全部を継続して保有することが見
> 込まれています。
> 　この場合における税務上の取扱いを教えてください。

A6-7

　ご質問のケースは適格現物出資に該当することから，Ｐ社からＡ社に対して
簿価で債権が移転するため，Ｐ社及びＡ社で益金または損金は発生しません。

解説

　Ｑ6-3で解説したように，DESを行った場合には，適格現物出資に該当す
るのか，非適格現物出資に該当するのかという点をまず検討する必要がありま
す。ご質問のケースでは，現物出資法人（Ｐ社）と被現物出資法人（Ａ社）と
の間に完全支配関係があり，かつ，当該完全支配関係が継続することが見込ま
れているため，適格現物出資に該当します（法法2十二の十四，法令4の3⑬
一イ）。

　適格現物出資に該当した場合には，子会社に対する債権が簿価で譲渡される
ため，Ｐ社では何ら譲渡損益は生じません。そして，Ａ社でも，受け入れた債
権と債務が混同により消滅するものの，受け入れた債権の帳簿価額と当初から
有していた債務の帳簿価額が一致しているため，債務消滅益は生じないことが
一般的です。

　ただし，Ｐ社がＡ社に対する債権を外部から安く購入している場合には，債
務消滅益が生じることがあります。例えば，Ｐ社が額面金額100の債権を10で
取得している場合には，Ｐ社における帳簿価額は100ではなく10なので，Ａ社

において，税務上，以下の仕訳を行う必要があります。

【DESにおける子会社の仕訳】

（子会社貸付金）	10	（資本金等の額）	10

【混同による消滅における子会社の仕訳】

（親会社借入金）	100	（子会社貸付金）	10
		（債務消滅益）	90

※　支配関係が生じてから5年を経過していない場合には，被現物出資法人であるA社において，繰越欠損金の使用制限（法法57④），特定資産譲渡等損失額の損金不算入（法法62の7①）がそれぞれ課されます。

しかしながら，事業を移転しない適格現物出資であり，かつ，移転時価資産価額と移転簿価資産価額が等しいことが多いことから，移転時価資産価額が移転簿価資産価額以下である場合の特例（法令113⑤一，123の9⑨一）を適用することにより，繰越欠損金の使用制限及び特定保有資産譲渡等損失額の損金不算入が課されないことも多いと思われます。

なお，特定引継資産譲渡等損失額の損金不算入は，特定引継資産が混同により消滅していることから，実質的に課されないことが多いと思われます。

| **Q6-8** | 第2会社方式（完全支配関係がある場合） |

> 弊社（以下，「P社」という。）の100％子会社であるA社が債務超過であることから，新しくB社を設立し，A社の資産のすべてをB社に譲渡した後に，A社を特別清算する予定です。この際に，P社からA社に対する貸付金10億円のうち，7億円が貸し倒れることが見込まれています。
> この場合における税務上の取扱いを教えてください。

A6-8

　Q6-5で解説したように，法人税基本通達9-4-1の要件を満たす場合には，P社で発生した子会社整理損失は，法人税法上，損金の額に算入することができます。

　さらに，A社で債務免除益を認識した後に残った繰越欠損金は，P社に引き継ぐことができます。

解説

　Q6-5で解説したように，第2会社方式により，P社で子会社整理損失が発生し，A社で債務免除益が発生します。そして，完全支配関係がある場合であっても，法人税基本通達9-4-1の要件を満たし，当該子会社整理損失を損金の額に算入することができる場合には，債務免除益が発生するA社において受贈益の益金不算入を適用することができません。そのため，A社では，債務免除益と繰越欠損金及び特例欠損金を相殺することにより，債務免除益課税を逃れる必要があります。

　さらに，法人税法57条2項では，完全支配関係がある子会社の残余財産が確定した場合には，当該子会社の繰越欠損金を親会社に引き継ぐことが認められています。ただし，債務免除益が発生していることから，債務免除益と相殺した後の繰越欠損金のみを引き継ぐことができます。なお，Q1-7で解説した

ように，支配関係が生じてから5年を経過していない場合には，繰越欠損金の引継制限が課されています（法法57③）。

> ※　なお，厳密には，所得の金額の50％に相当する金額までしか損金の額に算入することができない場合には，特例欠損金の損金算入を行ったうえで，法人税法57条5項の規定により，特例欠損金の損金算入に相当する金額の繰越欠損金をないものとしています。

補足）　同族会社等の行為計算の否認

　法人による完全支配関係がある場合において，P社からA社に対する債権放棄により生じる損失が寄附金として取り扱われるときは，受贈益の益金不算入が適用されるため，P社ではその全額を損金の額に算入することができず（法法37②），A社ではその全額が益金の額に算入されないことになります（法法25の2①）。

　そのため，受贈益の益金不算入が適用されることにより，A社の繰越欠損金が使用されないため，債務免除益が生じる前の繰越欠損金をP社に引き継ぐことができます。

　しかしながら，第2会社方式により，親会社において子会社整理損失を損金の額に算入できない事案というのは，法人税基本通達9－4－1の要件を満たさない事案であり，さらにいえば，旧会社と新会社の同一性が排除されていない事案であるといえます。

　そうなると，旧会社と新会社の同一性が排除されていないことを理由として，同族会社等の行為計算の否認（法法132）が適用され，繰越欠損金の引継ぎが認められなくなる可能性があるかどうかが問題になります。

　この点については，ユニバーサルミュージック事件（最一小判令和4年4月21日〔裁判所HP参照〕）では，(a)通常は想定されない手順や方法に基づいたり，実態とは乖離した形式を作出したりするなど，不自然なものであるかどうか，(b)税負担の減少以外に合理的な理由となる事業目的その他の事由が存在するかどうか等の事情も考慮したうえで，経済的合理性を欠く行為であるかどうかを総合的に判断すべきであるとされました。

　すなわち，法人税法132条に規定されている同族会社等の行為計算の否認であっても，事業目的があればよいというわけではなく，上記(a)(b)の事情を考慮したうえで経済的合理性を判断する必要があることから，同一性が排除されていない第2会社方式については，同族会社等の行為計算の否認が適用される可能性があると考えられます。

第7章

資本等取引

1 資本金及び準備金の額の減少

Q7-1 減資に伴う会社法上の手続き

弊社は債務超過であることから，無償減資を行い，欠損填補を行うことを考えています。この場合における会社法上の手続きを教えてください。

A7-1

株式会社が無償減資を行う場合には，株主総会の特別決議と債権者保護手続きが必要になります。

解 説

ご質問のケースのように，債務超過会社の場合には，資本金の額を減少させたとしても，分配可能額を作り出すことはできないことから，有償減資は不可能であり，欠損填補を前提とした無償減資になります。この場合には，会社法上，株主総会の特別決議（会社法447①，309②九）及び債権者保護手続き（会社法449）がそれぞれ必要とされています。また，当然のことながら，資本金の額が変わることから，登記手続きも必要になります（会社法915）。

※ 合同会社の場合には，債権者保護手続きが要求されていますが（会社法627），合名会社及び合資会社の場合には，債権者保護手続きが不要とされています。

Q7-2 100%減資に伴う会社法上の手続き

> 弊社は債務超過であることから，100％減資を行った後に，スポンサーに対して第三者割当増資を行う予定です。この場合における会社法上の手続きを教えてください。

A7-2

無償減資の手続きについては，Q7-1で解説したとおりです。そのほか，既存の株主から株式を無償で取得する手続きが必要になります。

解 説

100％減資を行う場合には，減資による欠損填補のほか，既存の株主から無償で株式を取得する必要があります。しかし，すべての株主が株式を手放すことに同意してくれないこともあるため，反対する株主からも強制的に株式を取得する必要があります。

現行会社法では，このようなニーズに応えるために，全部取得条項付種類株式の制度が設けられています。全部取得条項付種類株式を用いて100％減資を行うためには，定款変更のための株主総会の特別決議（会社法466，309②十一）と，全部取得条項の発動に伴う株主総会の特別決議がそれぞれ必要になります（会社法171，309②三）。

そのほか，第三者割当増資のための株主総会決議または取締役会がそれぞれ別途必要になります。

Q7-3　準備金の額の減少に伴う会社法上の手続き

弊社は債務超過であることから，法定準備金を取り崩し，欠損填補を行うことを考えています。この場合の会社法上の手続きを教えてください。

A7-3..

株式会社が欠損填補のための法定準備金の取崩しを行う場合には，株主総会の普通決議が必要になりますが，債権者保護手続きは不要とされています。

解説..

ご質問のケースのように，債務超過会社の場合には，法定準備金を取り崩したとしても，分配可能額を作り出すことはできないため，欠損填補を前提とした法定準備金の取崩しのみが認められます。

この場合には，会社法上，株主総会の普通決議（会社法448）が必要とされています。これに対し，債権者保護手続きは，分配可能額が生じる場合にのみ必要とされていることから，ご質問のケースのように，欠損填補のために法定準備金を取り崩す場合には，債権者保護手続きを行う必要はありません（会社法449①但書）。また，法定準備金は登記事項でないことから，登記手続きも必要ありません。

> ※　持分会社には，法定準備金の制度がないことから，本設問のような事案は生じません。

Q7-4　無償減資における税務上の取扱い

資本金の額を減少することにより，欠損填補を行った場合における法人税または所得税の取扱いについて教えてください。

A7-4

株主及び発行法人において，法人税及び所得税の課税関係は生じないと思われます。

解説

資本金の額を減少することにより，欠損填補を行った場合であっても，株主における課税上の影響はありません。

また，発行法人においても，当該資本金の額の減少を行ったとしても，資本金等の額及び利益積立金額が変動しないことから（法令8①十二），法人税の課税所得の計算への影響はありません。

ただし，住民税均等割及び事業税資本割の計算については特例が定められており，資本金の額をその他資本剰余金に振り替えてから1年以内に，欠損填補のためにその他利益剰余金のマイナスと相殺した場合には，住民税均等割及び事業税資本割の課税標準の計算から除外することができます（地法23①四の二イ(3)，72の21①三，地規1の9の6②③，3の16②③）。

> ※　欠損填補の対象となるその他利益剰余金は，各事業年度決算時の負の残高に限られているため，臨時決算等により期中の負の残高に対して欠損填補を行うことはできません（渡邊泰大「都道府県税関係―法人住民税」税72巻12号51頁（平成29年）参照）。

> ※　住民税均等割，事業税資本割の特例は，会社法446条に規定する剰余金に限定されているところ，会社法446条は株式会社についての規定であるため，持分会社については，本特例を適用することはできません（渡邊前掲52頁参照）。

Q7-5 法定準備金の取崩しにおける税務上の取扱い

資本準備金または利益準備金を減少することにより，欠損填補を行った場合における法人税または所得税の取扱いについて教えてください。

A7-5

株主及び発行法人において，法人税及び所得税の課税関係は生じないと思われます。

解説

資本準備金または利益準備金を減少することにより，欠損填補を行った場合であっても，株主における課税上の影響はありません。

そして，発行法人においても，当該資本準備金または利益準備金の減少を行ったとしても，資本金等の額及び利益積立金額が変動しないことから，法人税の課税所得の計算への影響はありません。

ただし，Ｑ7-4で解説した無償減資の取扱いと同様に，資本準備金を取り崩して欠損填補を行った場合には，住民税均等割及び事業税資本割の特例が認められています（地法23①四の二イ(3)，72の21①三，地規1の9の6②③，3の16②③）。

2 自己株式の取得

Q7-6 自己株式の無償取得

> 弊社（以下「A社」という。）は，自己株式の取得を検討しています。A社は債務超過であることから，無償で自己株式の取得を行う予定です。
> この場合における会社法上の手続きと会計及び税務上の処理について教えてください。

A7-6

　自己株式の無償取得については，会社法上，株主総会決議が不要とされているため，当事者間の合意で行うことができます。

　また，会計及び税務上は，特に仕訳を行う必要はありません。

解説

　会社法156条1項では，「株式会社が株主との合意により当該株式会社の株式を有償で取得するには，あらかじめ，株主総会の決議によって，次に掲げる事項を定めなければならない。」と規定されています。しかしながら，ご質問のケースは，「無償」による自己株式の取得であることから，この条文は適用されません。

　これに対し，会社法155条13号及び会社法施行規則27条1号では，無償により自己株式の取得を行うことが認められています。そのため，株主総会決議は不要であると考えられます。

　また，会計及び税務上は，仕訳を行ったとしても以下のようになるため，特に仕訳を行う必要はありません。

【自己株式の無償取得】
　（自 己 株 式）　　　　　0円　（現　　　金）　　　　　0円

3 スクイーズアウト

Q7-7 スクイーズアウトと公正な価格

弊社（以下，「P社」という。）は，発行済株式総数の90％を保有するA
社の少数株主を締め出すために，全部取得条項付種類株式を利用する予定
です。しかしながら，A社は債務超過会社であることから，スクイーズ
アウトの対価として金銭を交付しない予定です。

A社の少数株主が，株式取得価格決定の申立てを行ってきた場合には，
公正な価格についてどのように考えればよいのでしょうか。

A7-7

スクイーズアウトを行っても，依然として，DCF法等により評価したA社
株式の時価が０円である場合には，公正な価格を０円と考えても差し支えない
と思われます。

解 説

どのような場合に無対価スクイーズアウトが可能なのかは議論があり得ます
が，会社法が施行されるときは，100％減資のための手法として全部取得条項
付種類株式が想定されていたことから，全部取得条項付種類株式を利用してス
クイーズアウトを行う場合には，ご質問のようなことは十分に起こり得ます。
そして，株式併合や株式等売渡請求を利用してスクイーズアウトを行う場合に
も，同様の論点が生じます。

この点につき，大阪地決平成27年12月24日（ウエストロー・ジャパン文献番
号2015WLJPCA12246003）では，債務超過会社が全部取得条項付種類株式に
より少数株主を締め出した場合における取得価格を０円であると決定していま
す。そのため，いずれの手法でスクイーズアウトを行ったとしても，０円を公

正な価格とすることは可能であると思われます。

　ただし，公正な価格の決定は，少数株主をスクイーズアウトしたことによる企業価値の向上を考慮したうえで，DCF法等により評価を行うべきであり，債務超過会社であるという理由だけで，公正な価格を0円にしてよいわけではありません。

　すなわち，少数株主をスクイーズアウトしたことによる企業価値の向上を考慮したうえで，DCF法等により評価を行ったとしても，依然としてA社株式の時価が0円である場合に限り，公正な価格を0円として決定すべきであると考えられます（佐藤信祐「非上場会社の株式交付型組織再編における公正な価格」法学政治学論究111号228-229頁（平成28年））。

　※　株式等売渡請求の法的性質が，民法上の売買契約の成立と同種の法的関係が生じるものとされているのに対し，対価が0円の場合には，売買ではなく，贈与に該当してしまいます。そのため，スクイーズアウトの手段として，株式等売渡請求を選択した場合には，会社法上，無対価スクイーズアウトを選択することができないとする説もあります（代宗剛『Q&A 株式・組織再編の実務1―キャッシュ・アウト制度を中心に』16頁（商事法務，平成27年）参照）。

　※　全部取得条項付種類株式または株式併合によるスクイーズアウトであっても，すべての1株に満たない端数に対して対価を交付せずに切り捨てることができるかどうかについて，会社法上の問題が生じる可能性があり，結果として，公正な価格を0円にすることができないとする考え方もあり得ます。

Q7-8　税制適格要件の判定

弊社（以下，「P 社」という。）は，発行済株式総数の90％を保有するA社の少数株主を締め出すために，全部取得条項付種類株式を利用する予定です。しかしながら，A 社は債務超過会社であることから，スクイーズアウトの対価として金銭を交付しない予定です。

このような場合には，時価評価課税の問題は生じるのでしょうか。

A7-8...

株式交換と異なり，無対価スクイーズアウトを行ったことだけを理由として，時価評価課税の対象になることはありません。

解説...

Q 4-3で解説したように，無対価株式交換を行った場合には，原則として，50％超100％未満グループ内の株式交換に該当することができず，非適格株式交換等として取り扱われます（法令4の3⑲）。そして，法人税法2条12号の16で規定されている株式交換等に含まれるスクイーズアウトでは，スクイーズアウトの対価を交付したかどうかは問われていません。

しかし，法人税法施行令4条の3第18項で規定されている無対価株式交換には，スクイーズアウトは含まれておらず，同条19項では，「当該株式交換等が無対価株式交換である場合にあつては」と規定されており，「当該株式交換等が無対価株式交換等である場合にあつては」とは規定されていません。すなわち，50％超100％未満グループ内の株式交換等から除外される無対価株式交換には，無対価スクイーズアウトは含まれていないと考えられます。そのため，無対価スクイーズアウトを行ったとしても，それだけの理由で非適格株式交換等に該当することはないと思われます。

そのため，ご質問のケースでは，従業者引継要件及び事業継続要件を満たし

た場合には，時価評価課税の対象にならないと考えられます。

※　なお，法人税法 2 条12号の16で規定されている株式交換等に含まれるスクイーズア
ウトは，最大株主等である法人または一の株主等である法人との間に完全支配関係を
有することとなるものをいいます。すなわち，Q 7 - 2 で解説したような100％減資を
した後にスポンサーに対して第三者割当増資を行う場合には，最大株主等である法人
との間に完全支配関係を有するのではなく，スポンサーとの間に完全支配関係を有す
ることになるため，同号で規定されている株式交換等には含まれません。
　　そのため，支配株主が変わることにより，50％超100％未満グループの株式交換等
に該当しないように思われますが，そもそも「株式交換等」に該当しないことから，
法人税法62条の 9 に規定されている時価評価課税の対象にはならないという整理にな
ります。

※　Q 7 - 7 で解説したように，会社法上，無対価スクイーズアウトができないとする
見解もあり得るため，ご留意ください。

第8章

株式会社から持分会社への組織変更

Q8-1 持分会社への組織変更に伴う会社法上の手続き

株式会社から合名会社への組織変更を予定していますが，会社法上，どのような手続きが必要でしょうか。

A8-1……………………………………………………………………………………

組織変更をする株式会社は，効力発生日の前日までに，組織変更計画についてその株式会社の総株主の同意を得る必要があります（会社法776①）。さらに，公告及び催告などの債権者保護手続きが必要になります（会社法779）。また，当然のことながら，登記手続きも必要になります（会社法920）。

※ 株式会社から合名会社への組織変更は，債権者を害するものではないため，債権者保護手続きが不要であるように思えます。この点については，現行会社法では，株式会社が合名会社の社員になることができるため，実質的に社員の責任が有限責任にすぎないことも生じ得るし，利益配当額の制限や債権者の計算書類閲覧請求権がなくなることから，債権者保護手続きをすることに合理性があると説明されています（遠藤美光「第779条」森本滋編『会社法コンメンタール第18巻』19-20頁（商事法務，平成22年））。

Q8-2 持分会社への組織変更に伴う相続税評価額への影響

> 私（以下，「甲氏」という。）は，株式会社であるＡ社の発行済株式のすべてとＡ社に対する貸付金５億円を保有しています。しかし，Ａ社は３億円の債務超過であり，当該貸付金の回収可能性はありません。
>
> このような場合に，合名会社へ組織変更をすることで，相続税評価額を引き下げることができると聞いたのですが，どのような理由によるものでしょうか。

A8-2

原則として，合名会社，合資会社の債務超過相当額につき，無限責任社員の債務控除を適用することができます。

解説

1．株式会社に対する貸付金

相続税法上，純資産価額方式により計算する場合には，債務超過会社の株式が０円で評価されます。そのため，ご質問のケースのように，債務超過３億円の会社であっても，△３億円として評価するのではなく，０円で評価する必要があります

これに対し，被相続人であるオーナーの債務超過会社に対する貸付金は，原則として，元本部分を券面額により評価する必要があります（財基通204）。なお，貸付金の全部または一部が，回収が不可能または著しく困難であると見込まれるときには，それらの金額は元本の価額に算入しないことができるとされていますが（財基通205），債務超過であるという程度の理由では，券面額により評価せざるを得ません。そのため，ご質問のケースでは，貸付金の相続税評価額は５億円となります。

したがって，甲氏とＡ社を総合して考えると差額の２億円しか財産がないに

もかかわらず，相続税の課税標準の計算では，株式0円，貸付金5億円として評価されてしまいます。

　さらに，債務超過会社に対する連帯保証債務についても，原則として債務として控除することが認められていません。相続税法基本通達14−3では，「主たる債務者が弁済不能の状態にあるため，保証債務者がその債務を履行しなければならない場合で，かつ，主たる債務者に求償して返還を受ける見込みがない場合には，主たる債務者が弁済不能の部分の金額」について，債務として控除することが認められていますが，単に債務超過であるという程度の理由では，債務として控除することは認められません。

　このように，何も対策を行わない状況下では，債務超過会社の債務超過部分と個人財産の資産超過部分とを相殺することが難しいため，債務超過会社に対する事業承継対策では，債務超過会社の債務超過部分と個人財産の資産超過部分とをどのように相殺できるようにするのかという点が議論になります。

　一般的には，第6章で解説した子会社支援の手法と同様に，債権放棄，DESまたは第2会社方式が用いられていますが，債権放棄及びDESはA社において債務免除益課税が生じますし，第2会社方式では新会社に資産及び負債を移転するためのコストが発生してしまいます。なお，DESは債権の現物出資であることから，適格現物出資の手法を用いることができそうですが，法人税法上，適格現物出資は法人から法人への現物出資に限定されており，個人から法人への現物出資は認められていません（法法2十二の十四）。

2．合名会社，合資会社への貸付金

　これに対し，国税庁HP質疑応答事例「合名会社等の無限責任社員の会社債務についての債務控除の適用」では，無限責任社員の負担すべき持分に応ずる会社の債務超過額を，相続税の計算上，被相続人の債務として相続税法13条の規定により相続財産から控除することができることが明らかにされています。そのため，ご質問のケースでは，合名会社に組織変更し，かつ，甲氏が無限責任社員になる場合には，貸付金の相続税評価額は5億円のままですが，3億円

の債務控除を適用することにより，実質的に相続税評価額を2億円まで減少させることができると考えられます。

　ただし，このような組織変更により相続税を減少させることについて，租税回避として否認されるリスクを懸念する見解もあるため，ご留意ください（非公開裁決平成26年11月18日TAINSコードF0-3-398参照）。

【著者略歴】

佐藤　信祐（さとう　しんすけ）

公認会計士，税理士，博士（法学）
公認会計士・税理士　佐藤信祐事務所所長
平成11年　朝日監査法人（現有限責任あずさ監査法人）入社
平成13年　公認会計士登録，勝島敏明税理士事務所（現デロイトトーマツ税理士法人）入所
平成17年　税理士登録，公認会計士・税理士佐藤信祐事務所開業
平成29年　慶應義塾大学大学院法学研究科後期博士課程修了（博士（法学））

債務超過会社における組織再編・資本等取引の
会計・税務 Q&A（第2版）

2018年6月10日　第1版第1刷発行
2021年10月15日　第1版第9刷発行
2023年5月10日　第2版第1刷発行

著　者　佐　藤　信　祐
発行者　山　本　　　継
発行所　㈱中　央　経　済　社
発売元　㈱中央経済グループ
　　　　パ ブ リ ッ シ ン グ

〒101-0051　東京都千代田区神田神保町1-35
電話 03（3293）3371（編集代表）
　　 03（3293）3381（営業代表）
https://www.chuokeizai.co.jp
印刷／東光整版印刷㈱
製本／㈲井上製本所

© 2023
Printed in Japan